기적을 일으키는 믿음

기적을 일으키는 믿음

하나님의 능력을 이 땅에 실제로 나타나게 할 믿음

손기철 지음

규장

• 프롤로그 •

오직 믿음으로 살리라!

나는 지금 북미주 기독실업인회(CBMC)의 초청으로 캐나다 토론토를 방문하여 집회를 인도하고, 서울로 돌아가는 비행기 안에서 도착한 당일 인도해야 할 월요말씀치유 집회를 준비하기 위해 홀로 하나님의 말씀을 묵상하고 있습니다.

주님의 이끄심에 순종하여 집회 일정을 모두 마치고 지친 심신을 이끌고 공항에 도착했을 때, 거기에는 하나님의 놀라운 격려의 선물이 준비되어 있었습니다. 그 선물은 아무런 이유 없이 승급된 일등석 좌석이었습니다. 나는 지금 감사함으로 은혜를 누리며, 예수님이 지불하신 피 값을 다시 한번 생각합니다.

사실 이번 집회도 스케줄 상 도저히 시간을 내기 어려웠는데, 하나님이 주신 마음이 있기에 내가 알지 못하는 하나님의 뜻을 바라보고 믿고 순종하며 나아갔습니다. 기독실업인회 집회와 토론토 영락교회에서 열린 교민 집회를 통해 성령님께서는 놀라운 치유의 은혜를 부어주셨고, 새로운 돌파의 역사도 일어났습니다. 거기서 나는 하나님께서 예비하신 하나님나라를 사모하는 준비된 많은 동역자들을 만났습니다. 하나님의 놀라운 인도하심과 뜻을 경험한 귀한 시간이었습니다.

> 이 복음이 이미 너희에게 이르매 너희가 듣고 참으로 하나님의 은혜를 깨달은 날부터 너희 중에서와 같이 또한 온 천하에서도 열매를 맺어 자라는도다 _골 1:6

믿음대로 이루어진 일

2008년 이후 지금까지 돌이켜보면 하나님 아버지의 은혜와 인도하심 가운데, 내 안에 계신 예수 그리스도께서 그의 일을 행하셨던 시간이었습니다. '헤븐리터치 미니스트리'(HTM)를 설립하게 하시고, 귀한 동역자들을 붙여주시고, 하나님나라의 복음을 땅 끝까지 전하는 비전을 이루어가게 하셨습니다. 또 이 사역을 통해 하나님나라, 왕의 기도, 기름부으심이 무엇인지를 밝히 드러내시고, 그 백성들의 믿음대로 이루어가시는 하나님의 놀라운 역사를 수많이 목도하고 체험하게 하셨습니다.

성령님의 임재하심 가운데 주(主)의 말씀을 담대히 선포할 때, 눈물 흘리며 회개하고, 기뻐하고, 감사하고, 치유되고, 더러운 귀신이 쫓겨나고, 주의 영광 가운데 안식하는 주의 백성들을 볼 때, 또 예수님의 마음으로 최선을 다해 기도했건만 아무런 변화가 없는 그들을 바라보며 찢어지는 가슴에 한없는 눈물을 담을 때, 더럽고 악한 영들에게 거룩한 분노를 느낄 때, 나는 이 세상 그 무엇과도 바꿀 수 없는 거룩한 소명을 느낍니다. 그리고 내가 선 자리가 은혜의 자리이며, 날마다 죽어야 할 자리이며, 더 강력한 기름부으심을 한없이 갈망하게 되는 자리임을 깨닫습니다.

그간, 예수님이 행하셨던 그 하나님나라의 복음을 전하기 위해서, 《고맙습니다 성령님》을 통해 저를 찾아오신 성령님의 은혜를 나누게 하셨고, 《왕의 기도》를 통해 하나님의 친 백성으로서 주(主)의 뜻을 이 땅에 이룰 수 있는 진정한 기도의 능력을 되찾게 하셨으며, 《기름부으심》을 통해 주의 아름다운 덕(德)을 선전할 수 있는 권능을 알고 체험하게 하신 하나님의 은혜에 감사와 영광을 올려드립니다.

믿음으로부터 출발하라

앞으로도 이 모든 사역이 하나님의 권능 가운데 더 힘 있게 일어나고 그 열매가 더 많이 맺히려면 어떻게 해야 하는지 고민하는 가운데, 나는 "오직 의인은 믿음으로 말미암아 살리라"(롬 1:17) 하신 말씀처럼 굳건한 믿음의 반석 위에 서야 믿음의 기적을 보리라는 꿈을 품게 되었습니다.

그래서 나는 HTM에서 행하는 각종 스쿨과 매주 월요일마다 선한목자교회에서 열리는 월요말씀치유 집회에 찾아오는 수많은 성도들에게 끊임없이 진정한 믿음이란 무엇이며, 그 믿음에 기초한 왕의 기도가 무엇인지에 대해 전했습니다. 하나님이 약속하신 모든 말씀은 예수 그리스도 안에서 "예"이지만(고후 1:20), 오직 믿음만이 그 말씀을 이 땅에 실체로 변화시킬 수 있으며, 그 믿음이 없이는 하나님을 기쁘시게 할 수 없기 때문입니다.

그동안 많은 성도들을 위해 기도하면서 그들의 심령 가운데 하나님이 주시는 평강을 누리는 믿음이 있기보다는, 염려와 근심과 걱정과 불안으로 가득 찬 경우를 많이 보았습니다. 물론 누구에게나 어려움이 닥칠 수 있고, 당장 눈앞에 닥친 어려움이 너무 크면 마음으로 근심하지 않을 수 없기에, 우리는 언제든지 염려와 불안에 휩싸일 수 있습니다. 특히 요즘처럼 세상이 힘들고 어려울수록 더욱 그럴 수 있습니다.

그러나 중요한 것은 예수 그리스도 안에서 '하나님의 믿음'(막 11:22)이 있다면, 적어도 주어진 상황을 바라보고 대처하는 우리의 모습이 불신자들과는 달라야 한다는 것입니다. 상황에 얽매이지 않고 하나님이 주시는 말씀을 붙잡는 믿음이 있다면, 그 믿음에 따라 우리는 얼마든지 다른 삶을 살 수 있습니다. 그런데도 현실에서는 믿음으로 말미암은 평강과 희락보다는 세상이 주는 염려와 근심에 묶여 있을 때가 더 많은 것 같습니다. 겉으로는 기도합니다. 그러면서 속으로는 여전히 염려합니다.

그것은 믿는다고 말은 하지만, 사실은 믿지 않는 것과 마찬가지입니다. 참으로 안타까운 일이 아닐 수 없습니다. 우리는 놀랍게도, 기도한 다음에 돌아서서 다시 염려합니다. 도대체 무엇이 문제일까요? 구원 받은 자라면 믿음과 그에 따른 행동으로 인한 의(義)의 열매가 나타나야 할 텐데, 그 열매가 나타나지 않는 이유는 무엇 때문일까요? 죽고 나서 천국에 가기 위한 것이 아니라 이 땅에 도래한 하나님나라에서(막 1:15) 아버지의 아름다운 덕(德)을 선전하는 것이 진정한 구원을 이루는 삶이라면(벧전 2:9), 우리는 하나님이 주시는 믿음으로 살아야 하지 않겠습니까?

다른 말로 '성령님을 체험하고 그 능력으로 살아가는 삶'도, '왕의 기도를 선포하고 체험하는 삶'도, '기름부으심을 받아 누리는 삶'도 오직 믿음이 그 원동력이며 기초가 됩니다. 모두 믿음으로 시작되기 때문입니다. 그런데 많은 성도들이 마치 새 차를 구입해서 기름을 가득 넣어둔 채로 그냥 구경만 하고 있는 것 같습니다. 왜냐하면 시동을 걸지 않기 때문입니다. 우리는 믿음의 시동을 걸고, 하나님나라의 복음을 나타내기 위해 은혜로 주신 새 차를 마음껏 타야 합니다. 이 책은 바로 새 차에 시동을 거는 믿음이 무엇인지, 어떻게 그 믿음을 소유하여 기적을 체험하는 삶을 살아갈 수 있는지에 대해서 쓴 책입니다.

성령으로 임한 믿음으로 살라

사람들은 기독교인이 되었다고 할 때, 혹은 어떤 종교든 신앙을 가졌다고 할 때, "그 사람은 믿음을 가졌다"라고 말합니다. 신앙생활이란, 말 그대로 믿음으로 살아가는 삶을 뜻합니다. 그렇다면 우리는 그 누구보다 믿음으로 살아가야 할 것입니다. 성경은 우리가 구원 받고 그리스도인이 되는 것은 믿음 때문이라고 하셨고, 그 구원을 이루어가는 것도 믿음으로 말미암는다고 말씀하십니다.

> 복음에는 하나님의 의(義)가 나타나서 믿음으로 믿음에 이르게 하나니 기록된 바 오직 의인은 믿음으로 말미암아 살리라 함과 같으니라 _롬 1:17

따라서 우리가 세상을 살아가면서 염려, 근심, 걱정, 불안에 사로잡히거나 문제에 부딪히고 질병에 시달리게 될지라도, 우리는 이 모든 것을 믿음으로 돌파하고 이겨나가야 합니다. 오직 의인은 믿음으로 살아야 합니다. 그런데 이 믿음은 우리가 스스로 만드는 것이 아니라 하나님의 은혜입니다. 우리의 자아가 십자가에서 진정으로 못 박힐 때 비로소 '하나님의 믿음'이 임합니다. 이 믿음은 성령님의 임재가 아니고서는, 세상 신(神)의 영향을 받은 우리 마음으로는 결코 생길 수 없는 것입니다. 믿음은 오직 은혜의 선물로 주어지는 것입니다.

> 너희가 그 은혜를 인하여 믿음으로 말미암아 구원을 얻었나

니 이것이 너희에게서 난 것이 아니요 하나님의 선물이라

_엡 2:8

그리스도와 함께한 후사(後嗣)로서(롬 8:17), 하나님나라에서 이미 이루어진 하나님의 뜻을 이 땅에 이루어지게 하는 하나님나라 백성으로서 살아가기 위해서는 참된 믿음이 필요합니다. 그런데 사람마다 이 믿음에 대해 생각하는 바가 너무 다른 것을 보게 됩니다.

많은 사람들은 믿음을, 자신이 주도적으로 창조해내는 의식적이고 의지적인 정신력과 같은 것이라고 생각합니다. 즉, 긍정적인 생각을 끊임없이 하면 어떤 일이 이루어질 것이라고 생각한다는 것입니다. 이것은 우주의 에너지를 자신의 생각과 마음가짐에 따라 끌어당길 수 있다고 주장하는 뉴 에이지(New age)적인 사상과 어찌 보면 비슷합니다.

그러나 성경에서 말하는 믿음은 결코 그렇지 않습니다. 구원받았다면 당신의 자아는 이미 십자가에서 죽고 없습니다(갈 2:20). 이제는 당신 안에 오직 당신을 위해 죽으시고 다시 살아나신 그리스도만이 계실 뿐이며, 그분을 믿는 믿음으로 살아가는 것입니다.

손바닥만 한 작은 구름만 보았을지라도 믿어라

엘리야가 믿음으로 선포할 때 3년 동안 비가 오지 않았다가, 다시 비가 올 것을 선포하고 나서 오직 사람의 손바닥만 한 구름만을 보았습니다(왕상 18:41-46). 그는 자신의 마음에서 생긴 것을 말한 것이 아니라 하나님이 보여주신 아주 작은 구름을 본 것입니다. 엘리야가 가졌던 이 믿음이 바로 우리가 가져야 할 믿음입니다.

> 그 사환에게 이르되 올라가 바다 편을 바라보라 저가 올라가 바라보고 고하되 아무것도 없나이다 가로되 일곱 번까지 다시 가라 일곱 번째 이르러서는 저가 고하되 바다에서 사람의 손만 한 작은 구름이 일어나나이다 _왕상 18:43,44

이 책은 긍정적 사고방식이 믿음이라고 착각하거나 내 삶의 욕심을 위해 하나님의 능력을 끌어당기는 것을 믿음이라고 말하는, 세상의 짝퉁 믿음에 대해 말하는 책이 결코 아닙니다. 믿음의 주체는 내가 아닙니다. 다시 말씀드리지만 나는 죽고 없습니다. 믿음의 진정한 주체는 예수 그리스도이십니다. 오직 그분만을 바라보는 것입니다.

　이 땅의 관점에서 여전히 병들고 상처받은 자신을 부여잡고 하늘을 바라보고 사정하는 것은 죄인의 믿음이며 기도일 뿐입니다. 하나님의 아들로서 의인(義人)의 신분으로 하늘에서 이 땅을 바라보며, 하나님의 뜻에 따라 하나님나라와 그 의(義)를 위해, 문제와 필요와 질병을 향해 선포하는 것이 의인의 믿음이요 의인의 기도입니다. 이 책은 바로 이와 같은 진정한 믿음에 대해 말하고자 합니다. 이 믿음이 기적을 일으킵니다.

　당신이 죽고 예수 그리스도를 믿는 믿음으로 산다면 당신에게 필요한 것은 하나님의 말씀에 사로잡힌 믿음뿐입니다. 성령님의 임재 안에서 손바닥만 한 구름이라도 당신에게 믿음으로 다가온다면, 이미 뜻이 하늘에서 이룬 것처럼 이 땅에서도 이루어진 것으로 믿으며 이 땅에 나타날 것을 선포해야 합니다. 어쩌다 기도 한번 해놓고 당장에 이루어지는 것이 없다고 당신의 마음판을 염려와 근심과 걱정으로 사탄에게 내어줄 것이 아니라, 영광의 하나님이 당신을 통해 이 세상에 역사하시도록, 당신의 오래되어 굳어진 마음의 문을 열어야 합니다. 그리고 감사해야 합니다.

문들아 너희 머리를 들지어다 영원한(오래된, 저자 주) 문들아 들릴지어다 영광의 왕이 들어가시리로다 _시 24:7

기도를 항상 힘쓰고 기도에 감사함으로 깨어 있으라 _골 4:2

겨자씨 한 알의 믿음이 일으키는 기적

진정한 그리스도인들은 인간이 할 수 없는, 오직 하나님만이 하실 수 있는 일을 행하는 자들입니다(행 11:26). 이제 더 이상 기적이 일어난 현장에서 주위만 맴돌며 안타까워하거나 부러워할 것이 아니라 바로 당신이 그 믿음의 기적을 체험하시고 이 땅에서 승리하는 삶을 누릴 차례입니다.

올바른 믿음이 있으면, 그 믿음이 비록 겨자씨 하나처럼 작더라도, 뽕나무더러 뿌리째 뽑혀서 바다에 심어지라고 해도 그대로 될 것입니다(눅 17:5,6). 예수 그리스도 안에서 당신도 행할 수 있습니다. 아멘!

개인적으로 이 책은 《기름부으심》과 마찬가지로 《고맙습니다 성령님》과 《왕의 기도》 사이에 읽으면 좋겠다고 생각합니다. 하지만 그런 순서와 상관없이 평소 진정한 믿음이 무엇인지 고민했던 분들에게 엄청난 영적 돌파를 가져다줄 것이라고 확신합니다.

끝으로 주님의 뜻을 이루기 위해 항상 동고동락하는 HTM의 모든 사역자들의 귀한 헌신과 열정에 감사와 경의를 표합니다. 월요말씀치유 집회에 참석하여 함께 하나님나라를 경험하는 모든 분들이 나의 동역자입니다. 한 분 한 분이 믿음으로 이 책의 증인이 되어주시기를 소원합니다.

지난 25년간 주 안에서 함께한 아내와 조만간 함께 사역할 아들과 딸에게 말할 수 없는 사랑과 감사를 전하고 싶습니다. 이 책의 출간을 위해 기도와 수고를 아끼지 않은 모든 분들과 중보자들 그리고 오직 하나님나라의 복음을 전하기 위해 동역하는 규장의 여진구 대표와 김응국 편집국장 그리고 모든 직원들에게 감사드립니다.

오직 하나님께 모든 영광을 올려드립니다.

Heavenly Touch Ministry

프롤로그

PART 1
하나님 아버지의
은혜를 아는 믿음
Faith

01 아버지를 신뢰하는 믿음은 은혜를 알 때 온다 | 20
02 믿음은 아무것도 염려하지 않고 범사에 감사하는 것이다 | 47

PART 2
예수 그리스도를
절대 신뢰하는 믿음
Faith

03 절대적인 믿음으로 자신 안에 계신 예수 그리스도를 바라보라 | 70
04 예수의 피가 우리를 죄에서 자유케 하는 보혈됨을 믿어라 | 88
05 생명이신 예수 그리스도의 말씀에 당신 전부를 걸어라 | 120

FAITH WITH MIRACLE •차례•

PART 3

성령님에 의하여
말씀이 믿어지는 믿음
Faith

06 말씀이 말씀대로 자신에게 이루어지는 믿음을 경험하라 | 150
07 머리가 아니라 가슴으로 믿었으면 이제 믿은 대로 행동하라 | 173

PART 4

하나님의 나라와 그의 의를
사모하는 믿음
Faith

08 하나님나라를 사모하는 믿음으로 끝까지 기도하라 | 192
09 하나님의 진리의 말씀을 믿음으로 굳게 붙들어라 | 224

에필로그

PART 01

하나님 아버지의
은혜를 아는 믿음

우리는 하나님의 사랑, 아버지의 마음이 뭔지 진정으로 깨달아야 합니다. 내 안에 생명이신 그분이 들어오시고 주의 말씀을 들을 때, 그 말씀이 내 머리끝부터 발끝까지 나를 흔들어서 예수 그리스도가 왜 죽으셨는지, 왜 아버지께서 자신의 아들을 십자가에 못 박으셨는지를, 비록 머리로는 이해되지 않지만 마음으로 깨닫게 되는 것입니다.

FAITH WITH MIRACLE

01 | Faith with Miracle

아버지를 신뢰하는 믿음은
은혜를 알 때 온다

어디로 가야 하나?

"네, 잘 알겠습니다. 그러실 수밖에 없다는 것 충분히 이해합니다."

2007년 12월 마지막 주, 다가오는 크리스마스와 새해를 기다리며 모두 들떠 있던 그때, 나는 힘없이 이렇게 말하고 자리에서 일어섰습니다. 나는 막, 교회로부터 말씀치유 집회 장소를 이전해 달라는 요청을 들은 터였습니다. 머리로는 교회의 입장을 충분히 이해했기에 담담히 받아들이고 싶었지만, 마음속으로 밀려드는 당혹감과 두려움은 막을 길이 없었습니다.

그해 몇 달간, 나에게는 아주 많은 일이 있었습니다. 당시 나는 서빙고 온누리교회에서 말씀치유 집회를 인도하는 가운데 《고맙습니다 성령님》을 출간하게 되었습니다. 그런데 출간 직후부터 이 집회에 타 교회 교인들이 많이 모이기 시작해서 기존의 집회 장소에서는 그들을 전부 수용할 수 없었습니다. 양재 온누리교회로 집회 장소를 옮겼는데도 점점 더 많은 분들이 와서 나중에는 거의 2,000명 가까이 모였습니다.

또 사역이 커가면서, 동시에 커가는 문제가 하나 있었습니다. 바로 교회 주변에 사는 주민들의 항의였습니다. 말씀치유 집회가 열리는 월요일 저녁 7시는 주민들이 집에서 쉬는 시간이기 때문에, 그들의 입장에서는 당연히 이 집회가 상당한 부담이 되었을 것입니다. 주일에도 주택가 주변이 복잡한데 연이어 월요일까지 집회로 소란스러우니 많은 항의가 들어온 것입니다. 교회 목회자 분들도 고심 끝에 더 이상 주민들에게 피해를 줄 수 없다는 결론을 내리셨고 결국, 나를 불러 따로 집회 장소를 구했으면 좋겠다고 말씀하시기에 이르렀습니다. 그렇지만 나는 이 사역을 맡은 소명자로서 하나님의 일을 포기할 수는 없었습니다.

'아! 이제 다른 장소를 알아봐야 하는데, 무슨 힘과 돈으로 매주 2,000여 명이 모일 수 있는 곳을 얻는단 말이지…'

그전까지 나는 교회 내에서 하나의 사역 부서로서 월요말씀치유 집회를 인도해왔습니다. 그런데 이제는 아무 도움 없이 집회를 꾸려가야 한다는 생각에 막중한 부담감과 두려움이 온몸으로 전해졌습니다. 하지만 그런 감정에 묶인 채 있을 수 없어서 그날 밤 아내와 함께 이 문제를 놓고 기도하기 시작했습니다. 깊은 기도 가운데, 하나님께서 아브라함에게 주셨던 말씀들이 내 마음을 사로잡았습니다.

> 너는 너의 본토 친척 아비 집을 떠나 내가 네게 지시할 땅으로 가라 _창 12:1

나는 성령님의 임재 안에서 이 말씀이 믿어지기 시작했고 '하나님의 때'라는 것도 알게 되었습니다. 그러자 놀랍게도 나를 묶고 있던 걱정과 두려움이 흔적도 없이 사라졌습니다. 하나님께서 나의 아버지시고, 이 사역은 하나님의 백성들을 깨우는 일이기 때문에 아버지께서 나보다 앞서 필요한 모든 일들을 행하실 것이라는 믿음이 내 마음 깊은 곳에서 샘솟았습니다. 만일 그리 아니하실지라도 감사함으로 주님을 따르겠다고 고백했습니다.

그 문제를 놓고 몇몇 지인들과 함께 기도했을 때, 하나님께서는 "믿음으로 아브라함은 부르심을 받았을 때에 순종하여 장래 기업으로 받을 땅에 나갈새 갈 바를 알지 못하고 나갔으며 … 이는 하나님의 경영하시고 지으실 터가 있는 성(城)을 바랐음이니라"(히 11:8,10)라는 말씀도 주셨습니다. 그것은 나를 친히 이끌어 주시겠다는 하나님의 약속이었습니다. 나는 말씀대로 그분의 인도하심을 기다리기로 했습니다.

큰 산보다 더 큰 믿음

"장로님, 선한목자교회 어떨까요?"

집회 장소 문제로 고민하던 어느 날, 규장 출판사의 여진구 대표가 전화를 해서 갑자기 이런 말을 했습니다. 《고맙습니다 성령님》을 출간한 때부터 함께 동역해온 여 대표는 말씀치유 집회를 위해 같이 기도하는 귀한 중보자입니다. 그런 그가 집회 장소 문제를 놓고 기도하던 중에, 본인도 잘 알지 못하고 그 교회 목사님과는 일면식조차 없으며, 볼일이 있어서 딱 한 번 가보았을 뿐인 선한목자교회가 떠올랐다고 합니다. 성령님께서 조명해주신 일이었습니다. 여 대표는 그 교회의 담임목사님께 연락해서 만남을 주선해보겠다고 덧붙였습니다. 나는 기도하면서 그 만남을 기다렸습니다.

며칠 후, 규장 사무실에서 여 대표와 함께 선한목자교회 유기성 목사님을 만났습니다. 나는 유 목사님에 대해 잘 알지는 못했지만, 그 교회가 평일에 예수전도단의 화요모임, 순회선교단의 복음학교와 같은 사역 단체들에게 예배당을 빌려주는 등 사랑과 나눔을 몸소 실천하고 있다는 것은 알고 있었습니다. 그래서 초면인데도 하나님나라를 위해 함께 수고해온 오랜 친구를 만난 것만 같았습니다.

그 만남은 분명 하나님께서 예비하신 일이었습니다. 며칠이 지나서 나는 곧 유 목사님으로부터 교회 기획위원회에서 예배당을 빌려주기로 흔쾌히 결정했다는 기쁜 소식을 들을 수 있었습니다. 자기 교회 성도도 아닌 사람에게 매주 많은 사람들이 모이고 또 치유 집회라는 특수한 집회에 장소를 빌려준다는 것이 쉽지 않은 결정이었을 텐데도, 하나님께서 유 목사님과 그 교회 장로님들의 마음을 감동시켜주신 것입니다! 그렇게 선한목자교회로 장소를 옮긴 월요말씀치유 집회에는 예전보다 더 많은 사람들이 모여서 하나님의 임재 가운데 영육(靈肉)이 회복되는 경험을 하고 있습니다.

나는 이 일을 통해서 깨달은 것이 있습니다. 바로, 도저히 무너뜨릴 수 없을 것 같은 큰 산도 하나님 앞에서는 아무것도 아니라는 사실입니다. 그분의 임재 안에서 말씀이 믿어질 때, 모든 염려가 사라집니다. 그리고 실제로 하나님께서 우리 눈앞의 문제를 해결하시는 것을 목도하게 됩니다. 주님께서 예비하신 하나님의 사람들을 통해 당신의 일을 풀어가시는 것입니다.

하나님 아버지께서 당신을 사랑하신다는 사실을 기억하십시오(롬 5:8). 그 아들 예수 그리스도까지 당신을 위해 주신 그 큰 은 혜를 떠올리십시오(롬 8:32). 그러면 아무리 큰 어려움 가운데서도 아버지께서 당신을 인도해주시리라는 믿음을 갖게 될 것입니다.

하나님의 자녀임을 증거하시는 영

예수님께서 세례 요한에게서 세례를 받고 물에서 올라올 때 하늘이 열리고 하나님의 성령이 비둘기같이 내리면서 "이는 내 사랑하는 아들이요 내 기뻐하는 자라"(마 3:17)라고 친히 말씀하셨습니다.

나는 이 말씀을 읽을 때마다, '예수님은 좋으시겠다!'라고 되뇌었습니다. 그런데 내가 성령체험을 하고 난 지 얼마 되지 않아서 이 말씀을 다시 읽는 순간, 이 말씀이 마치 날카로운 비수처럼 제 가슴에 박혔습니다. 나도 모르게 '어!' 하고 외마디 탄성이 터져 나왔고 그 기쁨을 뭐라 달리 표현할 수가 없었습니다. 그간 이 말씀을 읽을 때마다 예수님은 참 좋으시겠다고 부러워했는데, 그 순간 이 말씀은 곧 하나님이 내게 하시는 말씀이었기 때문입니다.

내 안에 오신 성령은 친히 우리 영으로 더불어 우리가 하나님의 자녀인 것을 증거하십니다(롬 8:16). 그동안 내가 아무리 "네, 그렇습니다. 나는 주(主)의 자녀입니다"라고 고백했어도, 그 사실이 내 마음에 각인되지 않았었는데, 그때만큼 내 생각이나 노력과 상관없이 말씀을 읽는 그 순간, 성령님의 은혜로 그토록 뼛속 깊이 그 말씀을 확신했던 적이 없었기 때문입니다.

"아, 내가 바로 하나님의 자녀로구나! 내가 바로 하나님이 사랑하는 아들이고 하나님께서 기뻐하시는 자로구나"라고 깨달을 때, 나는 하늘과 땅이 바뀌는 기분을 느꼈습니다. 믿기지 않던 하나님의 말씀을 의지적으로 믿는다는 고백으로 취한 것이 아니라, 자연스럽게 그분이 내게 오셔서 내가 누구인지 알려주셨기 때문입니다.

하나님의 영이신 성령이 내 안에 들어오셔서 내 자아가 성령님께 순종할 때, 그 성령님이 나의 혼(知情意)뿐만 아니라 나의 육신을 사로잡을 때 말씀을 읽으면 전혀 새로운 일이 일어납니다. 하나님의 말씀이 살아서 역사하기 시작하고 그 말씀이 나의 삶을 바꾸기 시작하는 것입니다. 하나님의 말씀은 살아 있습니다(벧전 1:23). 하나님의 말씀은 영이고 생명입니다(요 6:63).

하나님께 속하였는가?

그러면 왜 그 말씀이 우리에게 역사하지 않는 것일까요? 그것은 우리가 하나님의 영광에 사로잡히지 않았기 때문입니다.

하나님께서 처음 우리를 지으셨을 때, 본래 우리는 하나님의 본질과 특성을 나타내는 존재로 하나님께 속하였지만, 우리가 죄를 지음으로 인해 하나님의 영광이 우리를 떠났고, 우리 안에 세상 신(神)이 들어와 세상 신의 본질과 특성을 나타내는 존재로 타락했습니다.

> 그 때에 너희가 그 가운데서 행하여 이 세상 풍속을 좇고 공중의 권세 잡은 자를 따랐으니 곧 지금 불순종의 아들들 가운데서 역사하는 영이라 전에는 우리도 다 그 가운데서 우리 육체의 욕심을 따라 지내며 육체와 마음의 원하는 것을 하여 다른 이들과 같이 본질상 진노의 자녀이었더니
> _엡 2:2,3

> 내가 진리를 말하므로 너희가 나를 믿지 아니하는도다 너희 중에 누가 나를 죄로 책잡겠느냐 내가 진리를 말하매 어찌하여 나를 믿지 아니하느냐 하나님께 속한 자는 하나님의 말씀을 듣나니 너희가 듣지 아니함은 하나님께 속하지 아니하였음이로다 _요 8:45-47

예수님께서도 자신이 진리를 말했는데도, 아버지께서 자신에게 보여주시고 말씀하시는 것을 전했는데도, 듣는 자가 믿지 않고 듣기를 싫어하는 것은 그들이 하나님께 속하지 않았기 때문이라

고 말씀하셨습니다. 여기서 "하나님께 속하지 아니하였다"라는 것은 세상 신(神)의 본질과 특성을 나타내는 존재가 되었다는 뜻입니다.

하나님께 속하지 않았으므로 예수님의 말을 믿지 않고, 예수님의 말을 이해할 수 없다는 것을 다른 말로 표현하면, "너희가 진정으로 구원 받지 않았고 진정으로 거듭나지 못했기 때문에, 들어도 깨닫지 못하고 보아도 알지 못하는 것이다"라는 말입니다(마 13:13-15).

그러니까 하나님께 속하지 않았다는 것은 첫째, 하나님의 영이 없다는 것입니다. 즉, 우리의 자아가 예수 그리스도의 십자가에 못 박히지 않았기 때문에 영생(永生)이신 그분의 영, 성령님이 우리 안에 들어오시지 않았다는 것입니다. 우리가 진리의 말씀을 깨달을 수 있는 것은 우리의 육적인 생각이 아니라 오직 성령으로만 가능합니다(고전 2:10). 하나님께 속하지 않았다는 것은 하나님으로부터 난 자가 아니라는 것입니다.

> 영접하는 자 곧 그 이름을 믿는 자들에게는 하나님의 자녀가 되는 권세를 주셨으니 이는 혈통으로나 육정으로나 사람의 뜻으로 나지 아니하고 오직 하나님께로서 난 자들이니라 _요 1:12,13

우리는 흔히 교회에서 "나는 예수님을 믿습니다. 나는 죄인입니다. 주(主)는 그리스도시요 하나님의 아들이십니다"라고 믿음으로 고백하는 것을 봅니다. 하지만 믿는다고 고백은 하는데 그분을 실제로 영접하지 않는 사람들이 너무나 많습니다. 진심으로 예수님을 영접하기 위해서는 십자가에서 자신의 자아가 죽어야 하고 육신의 삶이 죽어야 합니다. 그렇지 않으면 그리스도의 영이 그 사람 안에 들어올 수 없기 때문입니다.

둘째, 하나님의 영이 당신 안에 있더라도 하나님의 영의 인도함을 받지 않는다면 그는 하나님께 속한 것이 아닙니다(롬 8:13,14). 그가 하나님의 영의 인도함을 받지 않고 과거에 자신이 살아왔던 방식과 태도로, 자신의 생각과 감정과 뜻대로 신앙생활 한다면 그를 하나님의 자녀라고 말할 수 있겠습니까?(롬 8:5-8)

> 너희가 육신대로 살면 반드시 죽을 것이로되 영으로써 몸의 행실을 죽이면 살리니 무릇 하나님의 영으로 인도함을 받는 그들은 곧 하나님의 아들이라 _롬 8:13,14

> 너희가 서로 거짓말을 말라 옛 사람과 그 행위를 벗어버리고 새 사람을 입었으니 이는 자기를 창조하신 자의 형상을 좇아 지식에까지 새롭게 하심을 받는 자니라 _골 3:9,10

은혜 감사 믿음으로 이어지는 선순환

당신은 하나님께 속한 하나님의 자녀입니까? 당신은 진정으로 구원 받았습니까? 당신은 정말 중생(重生)했습니까? 그렇다면 이제는 육(肉)의 생각이 아니라 당신 안에 있는 성령님께 귀를 기울이십시오. 그럴 때 당신의 문제가 해결되기 시작합니다.

> 우리가 세상의 영을 받지 아니하고 오직 하나님께로 온 영을 받았으니 이는 우리로 하여금 하나님께서 우리에게 은혜로 주신 것들을 알게 하려 하심이라 _고전 2:12

우리는 하나님께로부터 온 영을 받았기 때문에 하나님이 주신 은혜의 선물들을 알 수 있습니다. 우리에게는 믿음의 비밀이 있습니다. 당신의 문제를 내려놓고 하나님의 임재 안으로 들어가십시오. 그럴 때 믿음으로 그분이 나와 함께하시고 그분이 나에게 베푸시는 은혜가 무엇인지를 깨닫게 됩니다. 그 은혜를 누릴 때마다 감사함으로 자신을 더 드리게 됩니다.

자신의 노력과 행위로 하나님을 위해서 뭔가를 돌려드린다는 것이 아닙니다. 자신을 더 드리고 더 포기함으로써 하나님께서 더 자유롭게 쓰실 수 있도록 나를 변화시키는 것, 그것이 진정한 감사이며 그것이 더 큰 믿음으로 나아가는 길입니다. 자신을 통해 하나님의 은혜가 더 드러나는 것을 체험하는 것이 그리스도인의 삶입니다.

하나님나라에서는 은혜의 법칙이 작동합니다. 따라서 하나님의 자녀는 은혜를 구하는 것이 아니라 은혜를 누리는 삶을 살아야 합니다. 왜냐하면 이미 우리에게 주신 은혜가 넘치기 때문에 그렇습니다.

> 또 함께 일으키사 그리스도 예수 안에서 함께 하늘에 앉히시니 이는 그리스도 예수 안에서 우리에게 자비하심으로써 그 은혜의 지극히 풍성함을 오는 여러 세대에 나타내려 하심이니라 _엡 2:6,7

예수 그리스도께서는 우리가 그 은혜의 지극히 풍성함을 계속해서 누리도록 하기 위해서, 주님이 친히 저주를 받고 우리를 모든 율법의 저주에서 해방시키셨습니다.

> 때가 차매 하나님이 그 아들을 보내사 여자에게서 나게 하시고 율법 아래 나게 하신 것은 율법 아래 있는 자들을 속량하시고 우리로 아들의 명분을 얻게 하려 하심이라 너희가 아들인고로 하나님이 그 아들의 영을 우리 마음 가운데

> 보내사 아바 아버지라 부르게 하셨느니라 그러므로 네가 이 후로는 종이 아니요 아들이니 아들이면 하나님으로 말미암아 유업을 이을 자니라 _갈 4:4-7

율법의 저주로부터 속량 받았다는 것은 바로 은혜 안에 거한다는 것을 말합니다.

> 죄가 너희를 주관치 못하리니 이는 너희가 법 아래 있지 아니하고 은혜 아래 있음이니라 _롬 6:14

또한, 하나님의 아들로서 받을 유업(遺業)은 아브라함에게 이미 주신 유업으로, 바로 우리가 복의 근원이 된다는 사실입니다. 얼마나 놀랍습니까!

오직 은혜!

> 너희가 그 은혜를 인하여 믿음으로 말미암아 구원을 얻었나니 이것이 너희에게서 난 것이 아니요 하나님의 선물이라 _엡 2:8

구원은 하나님의 신비입니다. 하나님의 놀라우신 은혜와 나의 믿음이 신비하게 연합될 때, 진정으로 내가 죄인인 것을 깨닫게 되고 내가 하나님의 의(義)가 되었음을 알게 되는 것이지, 단지 의식적으로 "예수 그리스도를 믿습니까?", "당신은 죄인입니까?" 등등 몇 가지 질문에 내 의지로 믿는다고 대답한다고 해서 구원 받았다고 생각한다면 나는 그 구원이 잘못되었다고 생각합니다.

많은 사람들이 자신은 구원 받았다고 생각하지만 실은 신앙생활과 구원을 대치시키고 있습니다. 구원과 중생은 하나님의 신비입니다. 우리는 하나님 없이 자력(自力)으로 구원을 얻을 수 없습니다. 오직 은혜이고, 하나님의 선물일 뿐입니다. 하나님은 우리가 구원 받았을 때부터 은혜를 약속해주셨습니다(골 1:6). 처음도 은혜요 끝도 은혜입니다. 그리스도인이 은혜 없이 잘 살아간다는 것은 다른 말로 하나님 없이도 잘 살 수 있다는 이야기입니다.

예수 그리스도를 이 땅에 보내주시고, 우리의 죄를 용서하시기 위해 십자가에서 죽으시고, 성령을 보내주셔서 하나님의 생명이 우리 안에 들어온 것부터 우리의 삶은 처음도 끝도 은혜 아닌 것이 없습니다. 우리는 은혜에 힘입어 살아가는 존재입니다(요 1:16). 그런데도 우리는 내 생각, 내 노력, 내 소유, 내가 누리는 권세로, 은혜 없이도 얼마든지 잘 살 수 있다고 생각합니다. 그러나 은혜를 누리지 않겠다는 것은 나 혼자서 잘 할 수 있고 하나님 없이도 할 수 있다는 것이나 동일한 의미입니다.

> 하나님이 능히 모든 은혜를 너희에게 넘치게 하시나니 이는 너희로 모든 일에 항상 모든 것이 넉넉하여 모든 착한 일을 넘치게 하게 하려 하심이라 _고후 9:8

이때 '모든 착한 일'은 하나님의 선(善)이지 우리의 선이 아닙니다. 이것은 결코 우리가 할 수 있는 선한 일이 아닙니다. 선한 분은 오직 하나님 한 분밖에 없습니다. 하나님의 관점에서 선한 일은 하나님의 뜻, 하나님의 은혜를 누리는 것입니다.

한량없는 은혜
사도 바울은 이런 고백을 했습니다.

> 그러나 나의 나 된 것은 하나님의 은혜로 된 것이니 내게 주신 그의 은혜가 헛되지 아니하여 내가 모든 사도보다 더 많이 수고하였으나 내가 아니요 오직 나와 함께하신 하나님의 은혜로라 _고전 15:10

나의 나 된 것도 하나님의 은혜이며 다른 사도보다 더 많은 수고를 할 수 있었던 것 또한 함께해주신 하나님의 은혜 때문이라는 고백입니다. 그 은혜를 맛보게 되어 자기 자신을 더 포기했고 그만큼 자신을 통해서 하나님의 선한 일이 더 드러났다는 것입니다. 바울은 이 모든 것이 자신과 함께해주신 하나님의 은혜라고 말합니다.

> 형제들아 내가 그리스도 예수 우리 주 안에서 가진바 너희에게 대한 나의 자랑을 두고 단언하노니 나는 날마다 죽노라
> _고전 15:31

그가 자랑하는 것이 무엇입니까?
"나는 날마다 죽노라!"
날마다 죽을 때마다 하나님의 더 큰 은혜가 그를 통해 나타났기 때문에 그렇습니다. 우리가 진정한 하나님의 자녀라면 우리는 하나님의 은혜 없이는 아무것도 할 수 없는 존재가 되어야 합니다. 그런데 우리는 우리가 할 수 없을 때, 우리가 필요할 때만 하나님의 은혜를 요구하고 나머지는 "내가 알아서 다 할게요! 부를 때 다시 오세요"라는 식의 신앙생활을 하고 있습니다.
은혜는 받을 만한 자격이 없는 사람에게 주시는 하나님의 선

물입니다. 은혜는 우리의 마음을 예수님께로 향하게 합니다. 또한 우리가 하나님의 은혜를 누리면 누릴수록 율법에 의한 자기의(自己義)는 점점 더 사라지고 오직 예수 그리스도에 대한 믿음만이 점점 더 커지게 됩니다.

> 율법 안에서 의롭다 함을 얻으려 하는 너희는 그리스도에게서 끊어지고 은혜에서 떨어진 자로다 _갈 5:4

예수님이 없는 기독교를 생각할 수 있겠습니까? 그와 마찬가지로 은혜 없는 기독교도 있을 수 없습니다.

아들까지 내어준 사랑

은혜 없이는 그리스도인의 삶을 살 수 없기에 우리는 이 은혜를 잊을 수 없고 순간순간 하나님의 은혜를 묵상해야 합니다. 그렇다면 우리 삶의 기초가 되는 이 은혜는 어디서 오는 것입니까?

혹시 이런 생각을 해보신 적이 있습니까? 예수님을 누가 죽였을까요? 로마 군병들이 죽였습니다. 또 이스라엘 백성들이 죽였습니다. 유대인들이 죽였고 빌라도가 죽였습니다. 물론 그렇다고 할 수 있습니다. 그러나 진짜로 예수님을 죽이신 분은 바로 예수의 아버지였습니다. 그 사실을 알고 계셨습니까? 로마 군병도 아니고 빌라도도 아니고 유대인도 아니고, 예수의 아버지가 예수를 죽였습니다. 이것이 은혜의 기초이자 우리 삶의 기초입니다.

> 자기 아들을 아끼지 아니하시고 우리 모든 사람을 위하여 내어주신 이가 어찌 그 아들과 함께 모든 것을 우리에게 은사로 주지 아니하시겠느뇨 _롬 8:32

이 말씀을 가슴 깊이 새기십시오. 그렇다면 예수의 아버지는 왜 예수를 죽였을까요? 죽을 수밖에 없는 죄인인 나와 당신을, 하나님의 본질을 나타내는 하나님의 자녀요 하나님의 의(義)로 만들기 위해(고후 5:21), 하나님은 아들을 아끼지 않으시고 죄 없는 예수 그리스도를 십자가에 못 박으신 것입니다. 하나님께서 우리에게 대한 자신의 사랑을 확증하기 위해 그 아들을 죽이신 것입니다.

> 우리가 아직 죄인 되었을 때에 그리스도께서 우리를 위하여 죽으심으로 하나님께서 우리에게 대한 자기의 사랑을 확증하셨느니라 _롬 5:8

우리는 이 하나님의 사랑, 아버지의 마음이 뭔지 진정으로 깨달아야 합니다. 그런데 이것을 머리로 깨닫는 것은 아무 의미가 없습니다. 내 안에 생명이신 그분이 들어오시고 주(主)의 말씀을 들을 때, 그 말씀이 내 머리끝부터 발끝까지 나를 흔들어서 예수 그리스도가 왜 죽으셨는지, 왜 아버지께서 자신의 아들을 십자가에 못 박으셨는지를, 비록 머리로는 이해되지 않지만 마음으로 깨닫게 되는 것입니다.

'어찌 하물며'의 법칙

세상이 너무나 악해서 제 자식을 죽이는 사람도 있다지만, 자기 목숨을 버려서라도 자식을 살리고자 하는 것이 아버지의 마음이 아닙니까! 부모에게 이 세상에서 자녀보다 더 귀중한 것이 뭐가 있겠습니까? 그런 아들을 죽이고 우리와 같은 죄인을 살리셨는데 그 아들의 목숨에 비할 것이 뭐가 있겠습니까? 자기 아들까지 내어주셨는데 우리에게 무엇인들 은혜로 주시지 않겠습니까?

우리는 날마다 기도합니다. 날마다 나의 문제와 고난과 질병을 놓고 기도합니다. 하나님은 우리를 떠나지 않으시고 그런 우리를 지켜보십니다. 무너진 가슴을 끌어안고 울부짖는 우리를 보시며 "네가 누구냐? 눈에 넣어도 아프지 않고, 나의 가슴에 박혀 있는 네가 아니냐? 내가 어찌 너에게 무엇인들 아끼겠느냐?"라고 말씀하십니다.

당신이 믿는 아버지가 진정한 자신의 아버지이심을 안다면,

그 아버지의 "어찌 너에게…"라는 애타는 마음을 안다면 도대체 무엇이 문제입니까? 아버지의 마음은 도외시하고 어떻게든 자신의 병만 낫기 원하고, 다른 건 다 필요 없으니 내 문제만 해결해달라고 하는, 여전히 자기중심적인 신앙생활을 하고 있는 것은 아닌지 돌아보십시오.

하나님의 마음을 알 수 있는 또 다른 특별한 성경 말씀이 있습니다.

> 오늘 있다가 내일 아궁이에 던지우는 들풀도 하나님이 이렇게 입히시거든 '하물며' 너희일까보냐 믿음이 적은 자들아 _마 6:30

"저 하찮은 들풀도 내가 입히는데 하물며 내 자녀인 너희일까보냐? 너희를 살리려고 내 아들을 대신 십자가에 못 박을 만큼 너희를 사랑하는데, 하물며 그런 너희를 그냥 두겠느냐?"

로마서 8장 32절과 마태복음 6장 30절 말씀을 통해서, 우리는 자식에 대한 아버지의 말할 수 없는 사랑과 안타까움을 느낄 수 있습니다. 또한, 그분이 우리에게 정말로 원하는 것은 바로 믿음이라는 것도 알 수 있습니다.

그리스도인의 삶의 기초는 '어찌 하물며'의 은혜입니다. 그리고 은혜는 명백히 아버지와의 관계와 우리의 믿음에 달려 있습니다.

세 친구의 고백

이제 아버지께서 어떤 관점으로 자녀를 보시는지 알았으니 우리가 어떤 믿음을 가져야만 그 아버지께서 주시는 은혜를 날마다 순간마다 누릴 수 있는지 알아보겠습니다.

다니엘서 3장에 보면, 느부갓네살 왕이 금 신상을 만들어 모든 관리들이 그 금 신상에 절하도록 했습니다. 그 당시 다니엘의 세 친구 사드락, 메삭, 아벳느고는 바벨론의 도(道)를 다스리는 자들이었습니다. 그런데 갈대아 사람들이 참소하기를, 누구든지 왕이 세운 금 신상에 엎드려 절하지 않는 사람은 극렬히 타는 풀무 속에 던져 넣을 것이라 명하셨는데, 사드락, 메삭, 아벳느고는 금 신상에 절하지 않는다는 것이었습니다. 이에 느부갓네살 왕이 세 사람을 불러 지금이라도 당장 금 신상에 절하라고 엄명했습니다.

> 사드락과 메삭과 아벳느고가 왕에게 대답하여 가로되 느부갓네살이여 우리가 이 일에 대하여 왕에게 대답할 필요가 없나이다 만일 그럴 것이면 왕이여 우리가 섬기는 우리 하나님이 우리를 극렬히 타는 풀무 가운데서 능히 건져내시

> 겠고 왕의 손에서도 건져내시리이다 그리 아니하실지라도
> 왕이여 우리가 왕의 신들을 섬기지도 아니하고 왕의 세우
> 신 금 신상에게 절하지도 아니할 줄을 아옵소서 _단 3:16-18

다니엘의 세 친구는 느부갓네살 왕 앞에서 담대하게 "당신이 우리를 풀무에 집어넣으면 우리 하나님께서 능히 우리를 건져내실 것이요 '그리 아니하실지라도' 우리는 왕의 신들을 섬기지도 않고 왕이 세우신 금 신상에게 절하지도 않을 것입니다"라고 말했습니다. 여기서 '그리 아니하실지라도'라는 말은 우리가 정말 잘 알고 있는 말씀입니다.

화가 난 느부갓네살 왕이 세 사람을 묶어서 풀무에 던져 넣었습니다. 그런데 그때 놀라운 일이 벌어졌습니다. 묶어서 풀무에 던진 사람은 세 명이었는데, 풀무 안에 결박이 풀린 네 사람이 다니고 있었기 때문입니다.

> 때에 느부갓네살 왕이 놀라 급히 일어나서 모사들에게 물
> 어 가로되 우리가 결박하여 불 가운데 던진 자는 세 사람이
> 아니었느냐 그들이 왕에게 대답하여 가로되 왕이여 옳소이
> 다 왕이 또 말하여 가로되 내가 보니 결박되지 아니한 네
> 사람이 불 가운데로 다니는데 상하지도 아니하였고 그 넷

째의 모양은 신들의 아들과 같도다 _단 3:24,25

결국 사드락, 메삭, 아벳느고는 풀무 불 속에서 구출되었을 뿐만 아니라 그들은 이전보다 더 존경을 받았고 그들의 하나님도 높임을 받는 일이 일어났습니다.

그리 아니하실지라도 vs 그리 아니하시면

믿음이란 무엇인지 생각해보십시오. 당신의 마음 깊은 곳에 있는 믿음의 숨은 동기가 무엇인지 한번 생각해보십시오.

'내가 죽고 나면 하나님이 무슨 소용이 있어? 내가 있어야 하나님이 필요한 거지!'

'내가 잘 되기 위해 하나님이 필요한 거지 내가 못 되면 하나님이 다 무슨 소용이야?'

'그리 아니하시면 내가 죽고 그러면 끝인데….'

자아가 살아 있는 믿음은 자기가 죽으면 끝입니다. 모든 삶의 근본이 '자기 자신'이기 때문입니다. 그것이 세상 신(神)의 책략이기도 합니다. 모든 것이 '나'를 위해 존재해야 한다고 생각합니다. 하나님의 말씀이 이루어지는 것을 믿는 것도 결국 '나'입니다. 그것은 자기중심적인 세상의 사고방식입니다. 그 믿음이란 자신의 문제와 필요 때문에 하나님을 개입시키기 위해 필요한 믿음일 뿐입니다.

그러나 자아가 죽은 사람은 자신의 믿음을 이렇게 고백합니다.

"하나님께서 그렇게 해주실 줄 확신하지만 그리 아니하실지라도, 나는 우상에게 절하지 않겠습니다. 나는 세상에 굴하지 않겠습니다. 나는 물질에 얽매이지 않겠습니다. 나는 이 질병에 결코 묶이지 않겠습니다."

어떻게 이렇게 고백할 수 있습니까? 그것은 자신의 자아가 죽고 그리스도의 영이 오셔서 영생이 무엇인지 아는 사람만이 할 수 있는 믿음의 고백이기 때문입니다. 자아가 죽지 않은 사람에게 '그리 아니하실지라도'라는 고백은 있을 수가 없습니다.

'그리 아니하시면…'이라는 믿음을 가진 사람은 기도하면서도 계속 두려움과 불안과 죽음의 영에 사로잡힙니다. 자기중심적인 믿음, 즉 자아가 죽지 않은 자의 믿음이라면 그 믿음이 커질수록 두려움도 커집니다.

혹시 당신은 항상 두렵고 불안하십니까? 염려와 근심의 영이 당신 주위를 맴돕니까? 그것은 당신이 죽지 않았고 당신의 자아가 십자가에 못 박히지 않았다는 증거입니다. "이제는 내가 산 것이 아니요 오직 내 안에 그리스도께서 사신다"(갈 2:20)라는 것이 뭔지 모르는 것입니다.

반면 자신의 자아가 십자가에 못 박혔고 그 결과 그리스도의 영이 자신 안에 들어오셨다면 그는 영생(eternal life)이 뭔지 알게 됩니다. 또한 자신이 죄와 율법으로부터 자유케 되었다는 사실을 알고 있습니다.

> 사망아 너의 이기는 것이 어디 있느냐 사망아 너의 쏘는 것이 어디 있느냐 사망의 쏘는 것은 죄요 죄의 권능은 율법이라 우리 주 예수 그리스도로 말미암아 우리에게 이김을 주시는 하나님께 감사하노니 _고전 15:55-57

그는 죽음이 두렵지 않은 사람이 됩니다. 자기 목숨을 지키기 위해 사는 것이 아니라 하나님의 영광을 나타내기 위해 이 땅에 삽니다. 그때 자아가 죽은 자의 믿음을 통해 하나님의 영광이 더 강력히 역사하는 것입니다. 하나님의 영광은 자아가 죽은 만큼, 자신을 포기한 만큼 더 드러납니다.

그리 아니하실지라도 나의 하나님!

진정한 믿음은 하나님께서 정하신 뜻, 하나님께서 말씀하신 일을 하나님께서 행하신다는 것이 믿어지는 것입니다. 하나님께서 약속을 반드시 지키신다는 것을 '내가 믿는다'는 것이 아니라, 하나님께서 하나님의 말씀으로 선포하신 것을 반드시 이 땅에 이루시는 것이 '믿어지는' 것입니다. 그것은 나의 믿음이 아니라 내 안에 계신 하나님의 영, 성령님이 내게 믿어지게 하시는 것입니다(막 11:22). 다시 말하지만 하나님이 말씀하시는 믿음은 그 자아를 십자가에 못 박은 자, 그리스도의 영이 그 안에 들어온 자, 하나님의 말씀이 믿어지는 자의 믿음입니다.

당신은 구원 받았습니까? 당신 안에 하나님의 생명이 있습니까? 당신이 지금 생명의 교제를 나누고 있습니까? 그렇다면 당신에게 육신의 장막을 벗게 되는 두려움 따위는 없을 것입니다(고전 15:19). 영생이 있기 때문입니다. 우리는 하나님께서 허락하시는 동안 이 땅에서 하나님의 아름다운 덕(德)을 선전하기 위해 살아갑니다(벧전 2:9).

그런 우리가 매일 똑같고 변화되지 않고, 우리에게 아무 일도 일어나지 않는다면 그것은 무엇 때문이겠습니까? 우리가 하나님의 영광 안으로 들어가야 합니다. 이제 우리의 믿음이 바뀌어야 합니다. 하나님은 지금도 우리를 사랑하시고 오늘도 우리를 바라보고 계십니다. 그 하나님께서 우리를 향해 "어찌 하물며 너희를…"이라고 말씀하십니다. 우리는 그 하나님께 "그리 아니하실지라도 당신은 나의 하나님이십니다"라고 화답해야 할 것입니다. 그럴 때 하나님의 놀라운 신비로 우리의 삶이 변화되는 역사가 일어날 것입니다. 그럴 때 당신 주위를 맴도는 어두움, 염려, 걱정,

근심, 불안, 두려움의 영이 사라질 것입니다.

하나님의 간섭하심 없이, 성령의 임재 안으로 들어가지 않고, 자신의 의지적인 믿음, 자기중심적인 믿음으로 어찌할 수 있다는 생각을 버리십시오. 내 삶이 전적으로 하나님의 은혜에 강하게 사로잡혀야 하는데, 은혜 없이도 잘 살았던 것을 회개하십시오. 하나님을 믿노라 말만 앞세우고 오직 자신의 문제, 자신의 고난을 해결하기 위해서만 하나님을 필요로 했던 믿음, 자기 목숨 부지하겠다고 하나님을 이용하는 어리석은 믿음을 가진 사람이 되지 맙시다.

하나님과의 올바른 관계와 믿음을 아는 자는 날마다 그의 나라와 의를 구하게 됩니다.

오직 의인은 믿음으로 말미암아 살리라!
THE RIGHTEOUS WILL LIVE BY FAITH

아버지의 한량없는 사랑과 은혜를 머리가 아닌 가슴으로 받아들이십시오.
자아가 죽은 자의 믿음으로 하나님의 영광을 드러내십시오.

02 | Faith with Miracle

믿음은 아무것도 염려하지 않고
범사에 감사하는 것이다

우리의 기도

《왕의 기도》를 출간한 후 책에서 배운 대로 기도하는 가운데 치유되었다는 많은 간증을 들었습니다. 하지만 반대로 매우 당혹스럽게 하는 하소연도 많습니다.

"전 정말 열심히 기도했어요."

"열심히 기도하고 심지어 금식까지 했는데, 왜 하나님은 아무 말씀도 안하시는지 정말 모르겠어요."

"장로님 말씀대로 기도했고 그 말씀대로 행동했지만, 아무 일도 안 일어나는데 그건 왜 그렇습니까?"

이런 질문을 받을 때마다 나는 당혹스럽습니다. 답답합니다.

솔직히 나도 잘 알지 못하기 때문입니다. 왜냐하면 치유의 절대 주권이 하나님께 있기 때문입니다.

그래서 이 문제를 가지고 기도하는 중에 나는 우리가 짚어내지 못한 놀라운 사실들이 있다는 것을 깨달았습니다. 저뿐만 아니라 많은 성도들이 열심히 기도하지만, 동시에 염려, 근심, 걱정, 불안, 두려움을 안고 기도한다는 것입니다. 이렇게 기도할 수밖에 없는 것은 바로 성령님의 인도함을 받지 않고 기도하기 때문입니다. 다른 말로, 성령님의 인도함을 받는 기도를 할 때, 앞에서 언급한 부정적인 생각과 감정들이 사라지게 되고, 온전한 기도의 응답을 받을 수 있습니다.

모든 기도와 간구로 하되 무시로 '성령 안에서 기도하고' 이를 위하여 깨어 구하기를 항상 힘쓰며 여러 성도를 위하여 구하고 _엡 6:18

우리는 다 기도합니다. 늘 기도하고 간구하지만 '성령 안에서 기도하는' 것을 잊고 있습니다. 하나님의 영광이 임재하는 곳에서 주(主)의 말씀으로 기도할 때 그 말씀이 실체(substance, entity)로 변화되는데, 안타깝게도 많은 사람들이 외치고 울부짖으면서 자신의 아픔과 고통을 쏟아내는 기도만 하지, 하나님의 영광의 임재 안에서 성령님의 인도하심을 따라 그분이 주시는 말씀으로 기도하지 않는다는 것입니다. 단지 하소연하듯이, 자기 마음에 가득한 것을 입으로 뱉어내는 말만 하는, 그런 기도를 합니다.

그러나 진정으로 응답 받는 기도를 하기 위해서는 '기도와 간구로 하되 무시로 성령 안에서' 기도해야 합니다. 우리가 기도할 때 앉자마자 하나님 앞에 부르짖는 것이 아니라 먼저 하나님의 임재하심을 기다려야 합니다. 그분의 영광이 임재하고 그분께서 우리를 통치하실 때, 우리는 무슨 말을 할지 모르지만 하나님의 깊은 것이라도 통달하시는 성령님께서 우리의 기도를 인도하시기 시작합니다(롬 8:26,27). 우리는 바로 그런 기도를 드려야 합니다.

염려하면 응답 없다

아무것도 염려하지 말고 오직 모든 일에 기도와 간구로, 너희 구할 것을 감사함으로 하나님께 아뢰라 _빌 4:6

이 말씀에 놀라운 기도의 비밀이 있습니다. 사람들은 늘 문제가 있을 때 기도합니다. 그러나 기도하면서 동시에 염려도 합니다. 그렇다면 "아무것도 염려하지 말라"는 이 말씀과 얼마나 다릅니까? 또 "너희 구할 것을 감사함으로 하나님께 아뢰라"는 것은 이미 우리가 "기도하고 구하는 것은 받은 줄로 믿으라 그리하면 너희에게 그대로 되리라"(막 11:24)는 말씀처럼 응답을 확신한 기도를 드린다는 뜻입니다.

우리가 하나님 앞에 담대한 것은, 우리가 무엇이든지 그분의 뜻대로 기도하면 그분이 들으시는 줄 알고 안즉 또한 받은 줄도 알기 때문입니다.

> 그를 향하여 우리의 가진바 담대한 것이 이것이니 그의 뜻대로 무엇을 구하면 들으심이라 우리가 무엇이든지 구하는 바를 들으시는 줄을 안즉 우리가 그에게 구한 그것을 얻은 줄을 또한 아느니라 _요일 5:14,15

하지만 우리는 기도도 열심히 하지만 염려도 열심히 합니다. 기도하고 돌아서 나오면서 또다시 염려합니다. 우리는 마치 염려의 바다 속을 헤엄치는 것 같습니다. 열심히 기도하지 않는 것이 아닙니다. 모든 일에 하나님 앞에 기도하고 있습니다. 또 기도한 것을 얻은 줄로 믿고 감사도 합니다. 그런데도 불구하고 염려한다는 것입니다.

"염려하다"는 헬라어로 '메림나오'(merimnao)인데 직면해 있거나 혹은 직면해야 할 일에 대해 걱정하고 근심하는 것을 말합니다. 우리는 어떤 일이 나에게 다가올 때 근심하고 걱정하고 그래서 그 근심이나 걱정을 없애기 위해 기도합니다. 그러나 하나님은 근심과 걱정을 풀기 위해 기도할 것이 아니라 아무것도 염려하지 말라고 말씀하십니다. 오직 모든 일에 기도와 간구로 너희 구할 것을 감사함으로 아뢰라고 말씀하십니다.

우리는 흔히 염려하는 것을 대수롭지 않게 여기지만, 여기에는 사탄에게 빌미를 주는 엄청난 비밀이 숨어 있습니다. 단적으로 염려하면 기도 응답을 받을 수 없습니다.

당신 마음속에 가득한 보물은?

우리가 잘 아는 마태복음 6장 19절부터 34절의 말씀으로, 어째서 우리가 염려하지 말아야 하는지, 그리고 염려하지 않는 것이 왜 그렇게 중요한지 살펴보겠습니다.

우리는 늘 보물을 갖기 원합니다. 하나는 하나님일 수 있고 다른 하나는 재물일 수도 있습니다. 하나님의 보물은 하늘나라에 있지만 재물은 이 땅에 있습니다. 우리가 원하는 보물인 재물은 이 땅에 있습니다. 그러나 주님은 보물을 땅에 쌓아두는 것은 안전하지 않으며 따라서 보물을 하늘에 쌓아두라고 말씀하셨습니다.

너희를 위하여 보물을 땅에 쌓아두지 말라 거기는 좀과 동록이 해하며 도적이 구멍을 뚫고 도적질하느니라 오직 너희를 위하여 보물을 하늘에 쌓아두라 거기는 좀이나 동록이 해하지 못하며 도적이 구멍을 뚫지도 못하고 도적질도 못하느니라 네 보물 있는 그 곳에는 네 마음도 있느니라 눈은 몸의 등불이니 그러므로 네 눈이 성하면 온 몸이 밝을 것이요 눈이 나쁘면 온 몸이 어두울 것이니 그러므로 네게 있는 빛이 어두우면 그 어두움이 얼마나 하겠느뇨 한 사람이 두 주인을 섬기지 못할 것이니 혹 이를 미워하며 저를 사랑하거나 혹 이를 중히 여기며 저를 경히 여김이라 너희가 하나님과 재물을 겸하여 섬기지 못하느니라 그러므로 내가 너희에게 이르노니 목숨을 위하여 무엇을 먹을까 무엇을 마실까 몸을 위하여 무엇을 입을까 염려하지 말라 목숨이 음식보다 중하지 아니하며 몸이 의복보다 중하지 아니하냐 _마 6:19-25

우리의 보물이 있는 곳에 우리의 마음이 있습니다. 그러면 우리의 마음에는 우리의 가장 귀한 보물이 가득 차 있다는 말입니다. 여기서 중요한 사실은 우리가 하나님과 재물을 함께 섬길 수 없다는 것입니다. 한 사람이 두 주인을 동시에 섬길 수 없는 것처럼 우리는 둘 중 하나를 섬겨야 합니다.

당신의 마음에는 어떤 보물이 있습니까? 땅에 있는 보물입니까, 아니면 하늘에 있는 보물입니까? 오늘 우리가 어렵고 힘든 것은 우리 마음이 땅에 있는 것에 가 있기 때문입니다. 무엇을 먹을까 무엇을 마실까 무엇을 입을까 하는 의식주, 형통과 축복을 위한 재물 때문에 어려움을 당한다는 것입니다. 우리가 염려하는 이유가 무엇입니까? 무엇을 먹을까 무엇을 마실까 무엇을 입을까, 즉 당신에게 재물이 없기 때문에 하는 염려가 대부분 아닙니까? 재물 없이 어떻게 살아갈지 몰라 마음속에 염려가 들어온다는 것입니다.

그만큼 하나님보다 재물이 우리 마음속에 더 가득하다고 생각할 수 있습니다. 어떤 사람은 나는 이미 많은 물질을 비축해두었으니 괜찮다고 생각하고, 반면에 어떤 사람은 아무것도 없으니 큰일이라고 생각합니다. 그러나 두 사람 다 그 마음에 있는 보물은 하나님이 아닙니다. 단지 재물일 뿐입니다. 하나님은 하나님과 재물을 동시에 섬길 수 없다고 하셨습니다.

결국, 중요한 사실은 재물 그 자체에 있는 것이 아니라 재물에 대한 마음의 태도입니다. 당신의 보물이 하나님이 아니라면 당신 마음 안에 있는 보물은 무엇입니까? 당신이 재물로 염려한다면 당신은 하나님보다 재물을 섬기는 것입니다.

모든 염려를 끊어라

너희 중에 누가 염려함으로 그 키를 한 자나 더할 수 있느냐
_마 6:27

그러므로 염려하여 이르기를 무엇을 먹을까 무엇을 마실까 무엇을 입을까 하지 말라 이는 다 이방인들이 구하는 것이라 너희 천부께서 이 모든 것이 너희에게 있어야 할 줄을 아시느니라 _마 6:31,32

하나님은 우리가 연락해야만 전화 수화기를 드시는 것처럼 그렇게 연락을 받기만 하시는 분이 아닙니다. 그분은 설령 우리가 그분에게 관심이 없더라도 세초(歲初)부터 세말(歲末)까지 두 눈을 부릅뜨고 우리의 삶을 살피시며 우리의 마음을 지켜보시는 분입니다. 그분은 우리에게 무엇이 필요한지 우리가 기도하지 않아도 이미 다 아시는 분입니다.

그분이 우리 아버지이십니다. 저 멀리 하늘 위에 계신 하나님이 아니라 오늘도 살아 계셔서 지금도 당신을 바라보시며 당신에게 무엇이 필요한지 아시고 우리의 삶에 간섭하시는 나의 아버지, 항상 함께하시는 나의 아빠이십니다.

우리의 삶에 필요한 것들로 염려하지 마십시오. 아무 문제가 없다고 부인하라는 것이 아닙니다. 설령 아무것이 없다 해도 우리는 염려하지 않을 수 있는 사람들이기 때문입니다. 하나님께서 우리를 돌보시지 않습니까? 왜 믿지 못합니까?

우리가 염려한다고 해서 바꿀 수 있는 것은 아무것도 없습니다. 우리에게 문제가 있고 심각하지만 우리는 염려할 것이 아니라 "오직 모든 일에 성령 안에서 기도와 간구로, 우리가 구할 것을 감사함으로 하나님께 아뢰어야" 합니다.

우리는 염려를 끊을 수 있습니다.

죽음의 씨앗을 뿌리지 말라

우리 마음의 의심, 불신, 염려, 걱정 등이 하나님이 역사하시는 영광의 통로를 가로막고 있다는 것을 알아야 합니다. 이것을 온전히 깨닫는다면, 당신의 기도와 믿음에 영적 돌파가 일어날 것입니다. 단, 의심, 불신, 염려, 걱정을 없애려고 노력하지 마십시오. 당신이 그런 감정을 없애려고 노력하는 것과, 또한 그 감정에 계속 붙들려 있도록 만드는 것이 바로 사탄의 책략입니다.

그것에 묶여서는 안 됩니다. 어떤 일로 당신의 마음에 그런 감정들이 들어온다면, 그 문제를 해결하기 위한 기도를 멈추고, 하나님의 임재 안으로 들어가 하나님의 뜻을 이루는 데 초점을 맞추라는 것입니다. 자신의 입장에서 자신 앞에 닥친 그 문제에 하나님을 개입시킴으로써 해결해보려는 마음을 버리고, 하나님의 마음에서 하나님의 방식으로 행하는 데 내가 어떻게 믿음으로 동참해야 하는지에 우리의 초점이 있어야 합니다. 그 문제를 허락하시고 그 문제를 통해 영광을 나타내시고, 그 문제를 자신의 뜻에 맞게 해결하시는 분이 우리 하나님이십니다.

사람들은 하나님의 뜻에 동참하기보다는 하나님의 뜻에 어긋나는 것을(예를 들면, 그런 감정들) 제거하는 데 더 많은 시간을 소비하는 경향이 있습니다. 그러나 빛이 임하면 어두움은 물러갑니다. 아무리 짙은 흑암이라도 촛불 하나조차 가릴 수 없고 흑암이 짙으면 짙을수록 촛불은 더 빛나게 마련입니다. 그런데도 사람들은 어두움을 제거하는 데 심혈을 기울인다는 것입니다.

당신이 염려, 근심, 걱정, 의심, 두려움, 불안 등의 감정을 가진다는 것은 사탄이 죽음의 씨앗을 뿌린 것과 같습니다. 우리 안에 그런 감정들은 얼마든지 들어올 수 있습니다. 그러나 우리가 그것을 애써 대적한다든지 묵상하지는 말아야 합니다. 이 씨앗을 묵상하면 당신의 마음판에서 자라나게 되고, 당신은 결국 사탄에 대한 믿음을 가지게 됩니다.

우리가 그 감정과 가깝게 지내거나 그 씨를 계속 방치한다면 결국 정신적, 정서적으로 항거할 수 없을 만큼 묶이게 되는 것입니다. 우리의 삶에 문제는 늘 있을 수 있습니다. 그러나 염려, 걱정, 근심, 의심, 두려움은 사탄이 우리 마음에 뿌린 씨앗이지 하나님의 본성에는 없는 것입니다.

> 너희 자신을 종으로 드려 누구에게 순종하든지 그 순종함을 받는 자의 종이 되는 줄을 너희가 알지 못하느냐 혹은 죄의 종으로 사망에 이르고 혹은 순종의 종으로 의에 이르느니라 _롬 6:16

> 아무것도 염려하지 말고 오직 모든 일에 기도와 간구로, 너희 구할 것을 감사함으로 하나님께 아뢰라 그리하면 모든 지각에 뛰어난 하나님의 평강이 그리스도 예수 안에서 너희 마음과 생각을 지키시리라 _빌 4:6,7

염려한다면 두 마음을 품은 것이다!

염려한다는 것이 무엇입니까? 그것은 자신이 어떤 일을 통제하고 조종해야 하는데, 그렇게 하지 못하면 어쩌나 하는 마음입니다. 자신이 뭔가 해야 하고 뭔가 이루어야 하는데, 그렇게 하지 못하면 어떡하나 할 때 생기는 마음의 생각이 바로 염려입니다. 다른 말로 하면, 염려한다는 것은 하나님이 하실 일을 자신이 하겠다고 생각하는 것입니다. 기도하고 난 다음 돌아서서 내가 하겠다고 말하는 것입니다.

그것은 하나님보다 일을 더 마음에 두고 있기 때문에 생기는 마음입니다. 즉, 당신의 마음이 재물을 주시는 하나님에게 있지 않고, 재물에 가 있기 때문에 생기는 것이 바로 염려라는 것입니다. 그러니까 염려한다는 것은 "내일 아궁이에 던져지는 들풀도 하나님께서 입히시는데 하물며 너희일까보냐"라는 주님의 말씀을 정면으로 반박하면서 "아닙니다. 내가 해보겠습니다"라고 하는 것입니다. "주여, 이것도 없고 저것도 없습니다. 도와주옵소서"라고 열렬히 기도한 다음 일어서서 "내가 하겠습니다. 하나님은 가만히 계세요"라고 말하는 셈입니다.

염려한다는 것은 우리 생각처럼 단순한 문제가 결코 아닙니다. 흔히 우리는 인간이 염려하는 것이 당연하지 않느냐고 생각합니다. 그러나 우리가 살펴보았듯이 염려한다는 것은 하나님이 하실 일을 자신이 하겠다고 도전하는 것과 같습니다. 염려하는 한 금식기도를 하든지, 왕의 기도를 하든지, 응답 받지 못할 것이 자명합니다. 염려하므로 하나님의 일을 당신이 가로채기 때문입니다.

결국에 염려한다는 것은 마음에 두 마음을 품는 것입니다. 한쪽은 기도하고 한쪽은 내가 하겠다, 한쪽은 하나님께 아뢰고 한쪽은 내가 하겠다, 이렇게 두 마음을 품는 것입니다.

> 오직 믿음으로 구하고 조금도 의심하지 말라 의심하는 자
> 는 마치 바람에 밀려 요동하는 바다 물결 같으니 이런 사람
> 은 무엇이든지 주께 얻기를 생각하지 말라 두 마음을 품어
> 모든 일에 정함이 없는 자로다 _약 1:6-8

그렇습니다. 바로 우리 마음속에 의심이 있기 때문에 염려하는 것입니다.

> 너희는 먼저 그의 나라와 그의 의를 구하라 그리하면 이 모
> 든 것을 너희에게 더하시리라 _마 6:33

누가복음 12장에도 이에 해당하는 말씀이 나옵니다.

> 오직 너희는 그의 나라를 구하라 그리하면 이런 것을 너희
> 에게 더하시리라 적은 무리여 무서워 말라 너희 아버지께서
> 그 나라를 너희에게 주시기를 기뻐하시느니라 _눅 12:31,32

하나님의 나라와 그의 의(義)를 구하라는 말은 하나님의 통치, 주권, 다스림을 인정하고, 그 속으로 들어가라는 것입니다. 우리가 하나님나라를 구한다는 것은 더 이상 과거와 미래에 묶이지 않는

삶을 산다는 것을 의미합니다. '믿음'이라는 접촉점을 통해서 우리는 영원히 존재하시는 하나님을 '현재'라는 시간에 만납니다.

우리는 과거로 돌아갈 수도, 오지 않은 미래로 갈 수도 없지만, 현재 믿음의 접촉점을 통해 하나님과 더불어서 과거와 미래를 하나님의 뜻대로 변화시킬 수 있습니다. 반대로, 우리의 과거나 미래가 더 이상 우리를 위협하거나 묶지 못합니다. 왜냐하면 우리는 이 땅에서 영원히 현재로서 대면하시는 하나님의 통치와 주권 안에서 살아가기 때문입니다.

오늘 그리고 내일이 염려하게 둬라

> 그러므로 내일 일을 위하여 염려하지 말라 내일 일은 내일 염려할 것이요 한 날 괴로움은 그 날에 족하니라 _마 6:34

흔히 우리는 이 말씀을 "내일 일을 미리 걱정하지 말라", "내일 괴로움은 내일 겪으면 그뿐, 오늘은 오늘 일을 겪는 것만으로도 족하다"는 식으로 풀이합니다. 하지만 그것은 아직까지 우리가 염려에서 벗어나지 못했기 때문에 이해되는 수준입니다. 이 말씀은 "우리가 내일 일을 내일 가서 걱정하는 것이 아니라 내일 일은 내일이 걱정하게 만들어야 한다"라는 뜻입니다.

그러므로 내일 일을 위하여 염려하지 말라 내일 일은 '내일'이 염려할 것이요 한 날의 괴로움은 그 날로 족하니라
_마 6:34 개역개정

Therefore do not be anxious about tomorrow, for tomorrow will be anxious for itself. Let the day's own trouble be sufficient for the day _RSV

"for tomorrow will be anxious for itself"라는 말은, "내일은 내일이 걱정하게 하라", 다른 말로 "걱정을 완전히 떨쳐 버려라", "우리의 삶에서 걱정이 사라지게 하라"는 뜻입니다. 우리의 마음속에서 걱정은 없어져야 합니다. 오늘 걱정은 '오늘이', 내일 걱정은 '내일이' 하게 해야 합니다.

우리의 삶에는 항상 문제가 다가오고 어려움이 있고 고통이 찾아옵니다. 이에 우리가 할 일은 오직 모든 일에 기도와 간구만 하고, 기도하고 구한 것을 받은 줄로 믿으면 되는 것이지, 그 일, 그 문제에 대해 염려하는 것이 아닙니다. 염려한다는 것은 하나님이 개입하실 일에 내가 개입하겠다고 생각하는 것이라고 했습니다. 당신이 할 일은 아무것도 걱정하지 말고 아무것도 염려하지 말고 오직 성령 안에서 모든 일을 기도하고 간구하는 것입니다.

염려를 주께 통째로 드려라

우리는 무엇을 먹을까 무엇을 마실까 무엇을 입을까 염려하지 말아야 합니다. 우리는 하나님의 자녀이며 자녀에게 베푸시는 아버지의 은혜를 압니다. 그분은 우리에게 무엇이 필요한지 아십니다. 우리의 마음에 하나님의 나라와 의(義)가 있고, 우리가 마음에 염려하지 않으면 우리의 필요를 모두 아시는 하나님께서 우리를 먹이시고 입히실 것입니다.

너희 염려를 다 주께 맡겨 버리라 이는 저가 너희를 권고하심이니라 _벧전 5:7

이것은 모든 염려를 주께 맡기면 그분께서 친히 우리를 돌보신다는 놀라운 말씀입니다. 반대로 우리가 주께 염려를 못 맡기면 결국 우리가 그 고통을 짊어질 수밖에 없습니다. 우리는 마음속으로 기도합니다. 부르짖습니다. 그렇지만 우리 마음속 보물은 하나님나라와 의(義)에 있는 것이 아니라 오늘 무엇을 먹을까 무엇을 마실까 무엇을 입을까에 있습니다. 이렇게도 하고 저렇게도 해보고, 이런 일이 일어나면 어떻게 되는가 하는 수많은 염려, 걱정, 근심, 불안으로 혼미해져 있습니다.

우리가 이 염려를 내려놓을 때, 염려를 통째로 주께 맡길 때,

염려에 대해 죽을 때, 그때부터 하나님께서 우리를 돌보십니다. 당신 마음에 아무거나 심지 마십시오. 특별히 염려로 가득 차게 두지 마십시오. 결국에 두 마음을 품게 되면 아무리 기도해도 하나님으로부터 받을 것이 없습니다.

염려, 불안, 근심, 걱정으로 안달하면 없던 병도 생깁니다. 식사도 못하고, 잠도 안 오고, 자다 깨고, 아무 일도 손에 잡히지 않고, 우울하고, 사람도 만나기 싫고, 방에서 나오고 싶지 않고, 자살하고 싶고, 이런 것이 다 어디서 옵니까? 당신 안에 어떻게든 자신이 문제를 해결해보려고 하는 마음이 있기 때문에, 염려하기 때문에 그렇습니다. 당신이 염려한다고 해서 어떤 문제 하나라도 풀린다면 염려하십시오. 우리가 염려한다고 해도 변하는 것은 아무것도 없습니다.

그럴 바에야 염려를 주께 드리십시오. 그리하면 그때부터 하나님이 당신을 돌보기 시작하십니다. 그리하면 모든 지각에 뛰어난 하나님의 평강이 그리스도 예수 안에서 우리의 마음과 생각을 지킬(빌 4:7) 뿐만 아니라 하나님이 그리스도 예수 안에서 영광 가운데 그 풍성한 대로 모든 쓸 것을 채우실(빌 4:19) 것입니다. 그때부터 우리 마음에 믿음이 살아나기 시작하는 것입니다. 하나님의 말씀은 진리입니다. 진리인 하나님의 말씀을 믿으면 그 말씀대로 이루어집니다.

예수 그리스도의 영으로 기뻐하라

당신 안에 성령님이 와 계십니까? 그러면 당신 안에 예수 그리스도께서 계신 것입니다. 그분은 우리의 뱃속 깊숙한 곳에 찾아오셔서 거기로부터 생수의 강이 흘러넘치게 하십니다(요 7:37-39). 설령 당신의 육신은 어떤 문제로 고통스럽고 염려할는지 모릅니다만, 당신 안에 예수 그리스도가 계시면, 놀랍게도 어떤 문제와도 상관없이 당신의 영은 하나님의 기쁨으로 차오르게 됩니다.

기쁨은 영으로부터 옵니다. 하나님의 생명이 우리 안에 있고 그 하나님의 생명에 우리 마음의 문을 열어놓을 때, 우리 안에 기쁨이 샘솟습니다. 그냥 실실 웃게 됩니다. 마치 구름에 달 가듯이 어떤 문제도 아무 문제가 되지 않습니다. 하나님이 나를 지키시기 때문에 어떤 어려운 과정도 그냥 지나가게 되는 것입니다.

이런 일은 내 안에서 기쁨과 감사가 올라오지 않고는 절대로 되지 않습니다. 늘 그분과 동행하며, 그분의 아름다운 덕(德)을 선전하는 데 삶의 모든 초점이 맞추어져 있다면 당신의 뱃속에서 늘 생수의 강이 흘러넘치게 됩니다. 하나님의 사랑과 기쁨과 감사가 절로 올라오는 것입니다.

지금 문제가 있습니까? 지금 어려움이 있고 고통이 있습니까? 하지만 그것은 우리 육신의 일입니다.

너희가 육신대로 살면 반드시 죽을 것이로되 영으로써 몸
의 행실을 죽이면 살리니 _롬 8:13

성령님께서 내 뱃속 깊숙한 곳에서부터 생수의 강이 흘러넘
치게 하시면, 그분의 권능으로 나의 오감(五感)과 생각이 바뀌고
하나님이 주시는 지혜로 어떤 일이든 온전히 감당하게 하실 뿐만
아니라 하나님께서 사람을 보내주시거나 환경을 변화시킴으로써
그 일을 해결해주십니다.

항상 기뻐하라 쉬지 말고 기도하라 범사에 감사하라
_살전 5:16-18

당신이 먼저 항상 기뻐하고 기도하고 감사해보십시오. 당신
안에 성령님이 함께하시면, 당신이 성령 충만하고 그분의 임재를
느낄 수 있다면, 그분이 당신과 항상 함께 계신다는 것을 안다면
그때부터 당신의 인생이 달라질 것입니다.

행복을 추구하지 마십시오. 행복하기 때문에 감사한 것이 아
니라, 감사하기 때문에 행복이 오는 것입니다. 오직 예수 그리스
도만을 구하십시오. 그러면 당신 안에 감사와 기쁨이 넘치게 됩니
다. 그럴 때 염려가 사라집니다. 설령, 염려와 걱정이 들어와도,

우리 안에서 흘러넘치는 생수가 다 씻어내기 때문입니다.

내 안에 예수 그리스도가 계신지, 성령님이 내 안에 오셨는지, 성령님이 권능으로 임하시는지 모두 경험하기 바랍니다. 특별한 사람, 유명한 목사, 산(山) 기도 10년 한 사람만이 아니라 예수 그리스도를 믿는 누구나 그렇게 될 수 있습니다. 그것은 우리의 노력이 아니라 '오직 믿음'입니다.

염려할 것인가? 기도할 것인가?

우리는 다 믿는다고 합니다. 하지만 믿음의 실상이란 입으로만 "아멘 아멘" 하는 것이 아닙니다. 믿은 말씀에 자신의 전부를 던질 수 있어야 합니다. 자기 머릿속에 말씀을 붙들어 두는 것이 아니라 하나님의 말씀에 자신의 생각과 감정과 의지, 행동을 일치시킬 때 진정한 믿음이 옵니다. 이것은 다른 말로 자아를 포기한다는 것입니다.

얼마나 많은 사람들이 기도하면서 동시에 염려하고 있습니까? 기도는 기도이고 또 염려는 염려입니까? 아닙니다. 염려한다는 것은 바로 당신의 기도를 모두 '아무것도 아닌 것'(nothing)으로 만드는 길입니다. 당신이 하나님 앞에 어떤 기도와 간구를 드렸든지 염려한다는 것은 당신의 기도를 제로(zero)로 만드는 것입니다. 그리고 하나님께 '내가 할 테니 걱정하지 마세요'라고 말하는 것입니다.

그러니 염려하지 마십시오. 우리가 할 일, 우리가 믿을 말씀은 아무것도 염려하지 않는 것입니다. 오직 모든 일에 기도와 간구로, 우리가 구할 것을 감사함으로 하나님께 아뢰는 것입니다.

> 오직 의인은 믿음으로 말미암아 살리라!
> THE RIGHTEOUS WILL LIVE BY FAITH
> 항상 성령 안에서 성령의 인도하심을 따라 기도하십시오.
> 염려를 주께 맡기고 당신 안에 오신 영으로 인해 기뻐하고 감사하십시오.

PART 02

예수 그리스도를
절대 신뢰하는 믿음

이 땅에서 하나님의 역사를 일으키는 믿음은 오직 예수 그리스도에 대한 믿음입니다. 그 예수 그리스도를 진정으로 만나지 못하고 바라보지 못하고 그분에게 초점을 맞추지 못한다면, 우리 자신의 믿음이 아무리 산을 옮길 만한 믿음이라 해도 이 땅에 하나님의 기사와 표적은 일어나지 않을 것입니다.

FAITH WITH MIRACLE

03 | Faith with Miracle

절대적인 믿음으로 자신 안에 계신
예수 그리스도를 바라보라

손기철이냐? 예수 그리스도냐?

월요말씀치유 집회에는 매주 3천 명 이상의 사람들이 모입니다. 나는 집회에 오는 사람들 모두가 치유자이신 예수 그리스도만을 바라보기 원합니다. 그런데 안타까운 사실은, 보잘것없는 나, '인간 손기철'을 보고 오는 사람들이 있다는 것입니다.

심지어 어떤 분들은 나에게 안수기도를 받지 못했다고 화를 내거나 항의하기도 합니다. 물론 내가 모든 분들에게 직접 기도해드릴 수 있다면 좋겠지만, 집회 시간상 그리고 체력적인 한계가 있기 때문에 그렇게 하는 것이 현실적으로 불가능합니다. 또 내가 기도해드린다고 해도, 그래서 치유가 일어난다고 해도, 나는 단지 하나님의 기름부으심이 흘러가는 통로일 뿐이며, 주께서 채워주시지 않으면 내 속은 아무것도 없는 빈 깡통일 뿐입니다. 능력은 하나님께 있습니다.

하나님을 바라보고, 그분을 만나야만 진정한 회복이 일어납니다. 그런데 많은 사람들이 빨리 회복되고 싶은 급한 마음에 눈에 보이는 다른 것들을 붙잡습니다. 능력을 가진 것처럼 보이는 어떤 사람, 어떤 단체를 하나님보다 더 의지하는 경향이 있습니다. 그러나 그런 것은 다 우상일 뿐입니다.

오직 예수 그리스도만 바라볼 때, 그분에 대한 절대적인 믿음을 가질 때, 그 믿음의 실체이신 예수 그리스도께서 역사하십니다. 우리가 붙잡아야 할 분은 오직 예수 그리스도십니다.

믿음의 초점

예수님은 가나 혼인잔치에서 물로 포도주를 만드는 기적을 보이셨습니다.

> 사흘 되던 날에 갈릴리 가나에 혼인이 있어 예수의 어머니도 거기 계시고 예수와 그 제자들도 혼인에 청함을 받았더니 포도주가 모자란지라 예수의 어머니가 예수에게 이르되 저희에게 포도주가 없다 하니 _요 2:1-3

우리의 삶 속에도 늘 문제가 일어나고 사건이 발생합니다. 3절에서는 잔치에 포도주가 모자라는 사건이 벌어졌습니다. 그런데 이때 예수의 어머니 마리아는 그 문제를 스스로 해결하거나 인간적인 다른 방식으로 해결하려 하지 않았습니다. 마리아는 예수님에게 포도주가 떨어졌다고 말했습니다. 하지만 예수님의 대답은 자신의 때가 아직 오지 않았다는 것뿐이었습니다.

예수께서 가라사대 여자여 나와 무슨 상관이 있나이까 내 때가 아직 이르지 못하였나이다 _요 2:4

그렇지만 마리아는 보이는 대로 느끼는 대로 생각하지 않았습니다. 모든 기사(奇事)와 표적의 근원이며 우리의 생명이며 절대 사랑이신 예수 그리스도에게 초점이 맞춰져 있었습니다.

그 어머니가 하인들에게 이르되 너희에게 무슨 말씀을 하시든지 그대로 하라 하니라 _요 2:5

예수님은 아직 내 때가 이르지 않았다고 했지만 마리아의 초점은 초지일관(初志一貫) 예수 그리스도에게 맞춰져 있었기 때문에 하인들에게도 그렇게 지시한 것입니다. 아직까지 한 번도 기적을 행하지 않으셨지만, 마리아의 마음은 오직 예수 그리스도를 향해 있었습니다. 무슨 말씀을 하시더라도 그분이 말씀하시는 대로 순종하라는 마리아의 지시에 따라 물을 떠온 하인들이 알게 된 비밀이 무엇입니까? 바로 물이 포도주로 변화되었다는 것입니다.

'어떻게'의 믿음

우리는 정말 예수 그리스도를 믿는다고 생각하고, 신앙생활에 열심을 내어 살아갑니다. 하지만 진정한 믿음의 실체를 바라보지 못합니다. 우리에게 믿음이 있기는 하지만, 그 믿음이 자기 위주의 믿음, 내 문제를 해결해보겠다는 '어떻게'의 믿음에 초점이 맞추어져 있지는 않습니까? 그 문제를 해결해주시는 분, 예수 그리스도에 대한 진정한 믿음이 있습니까?

> 내가 진실로 너희에게 이르노니 누구든지 이 산더러 들리어 바다에 던지우라 하며 그 말하는 것이 '이룰 줄 믿고 마음에 의심치 아니하면' 그대로 되리라 그러므로 내가 너희에게 말하노니 '무엇이든지 기도하고 구하는 것은 받은 줄로 믿으라 그리하면' 너희에게 그대로 되리라 _막 11:23,24

아마도 산이 앞을 가로막고 있는 모양입니다. 이 산이 들리어 바다에 던져지라고 하고, 그 말한 대로 될 것을 믿고, 마음에 의심하지 않으면 그대로 된다는 말씀입니다. 우리 앞에 문제가 있을 때, 우리는 "무엇이든지 기도하고 구하는 것은 받은 줄로 믿으면 그대로 된다"는 이 말씀에 힘차게 "아멘" 합니다. 그리고 무섭게 적용하고 또 담대히 이 말씀을 선포합니다. 이 말씀으로만 본다면, 우리가 살아가면서 여러 문제와 상황에 직면할 때, 각자 어떤 믿음으로 그런 문제와 상황을 풀어나가야 하는지 잘 알 수 있습니다.

그러나 우리가 이 말씀이 뜻하는 바가 무엇인지 명확히 아는 것이 중요하겠습니다. 이를 줄 믿고 마음에 의심하지 않으면, 무엇이든지 기도하고 구하는 것을 받은 줄로 믿는 것, 우리는 지금 여기에 초점이 맞춰져 있습니다. 맞습니다. 틀리지 않습니다. 그러나 우리는 먼저 떡 줄 분부터 생각해야 합니다. 우리 자신이 믿고 의심하지 않고, 기도하고 구한 것은 받은 줄로 믿는 데만 우리의 초점이 있다면 기사와 표적은 일어나지 않을 것입니다.

믿음의 실체이신 예수 그리스도

23,24절 말씀은 그 자체로 성립하는 것이 아닙니다. 이 말씀이 이루어지기 위해서는 22절 말씀이 기초가 되어야 합니다.

예수께서 대답하여 저희에게 이르시되 '하나님을 믿으라'

_막 11:22

하나님을 믿은 초석 위에서 "내가 진실로 너희에게 이르노니 누구든지 이 산더러 들리어 바다에 던지우라 하며 그 말하는 것이 이룰 줄 믿고 마음에 의심치 아니하면 그대로 되리라"고 하신 것입니다.

이 22절을 뺀다면 '적극적 사고방식'과 다르지 않을 것입니다. 여기서 우리가 다시 주목해볼 점은 "이 산더러 들리어 바다에 던지우라" 하시는 분이 누구신가 하는 것입니다. 기도하고 구하는 것은 받은 줄로 믿으라, 그리하면 그대로 되리라고 말씀하시는 분이 누구신가 하는 것입니다. 그 일을 행하시는 분이 누구십니까? 바로 예수님이십니다. 그런데도 우리는 우리가 어떤 믿음을 가져야 하느냐에만 초점을 두어서, 일을 행하시는 여호와 하나님, 예수 그리스도를 진정 믿음으로 바라보지 못합니다.

그런 의미에서 본다면 이 땅에서 하나님의 역사를 일으키는 믿음은 오직 예수 그리스도에 대한 믿음입니다. 그 예수 그리스도를 진정으로 만나지 못하고 바라보지 못하고 그분에게 초점을 맞추지 못한다면, 우리 자신의 믿음이 아무리 산을 옮길 만한 믿음이라 해도 이 땅에 하나님의 기사와 표적은 일어나지 않을 것입니다. 결국 우리 앞에는 누구를 믿어야 하느냐와 문제를 해결하기 위해 어떻게 믿어야 하느냐, 이 두 가지 과제가 동시에 놓여 있는 셈입니다.

신앙 공식적인 믿음의 한계

많은 사람들이 몇 가지 조건만 충족되면 하나님이 반드시 들어주셔야 된다는 식의 신앙 공식적인 믿음을 가지고 있습니다.

"내가 이렇게 열심히 기도하는데, 왜 아무 일도 안 일어날까?"

"왜 하나님은 내 기도에 묵묵부답이시지?"

하지만 문제와 사건을 해결해주시는 분, 즉 우리의 생명이신 예수 그리스도, 그분만 바라볼 때, 그분 안에서 이 믿음을 가질 때, 비로소 문제가 해결된다는 것을 잊지 마십시오.

아들이 아버지에게 뭔가 요구하는 것과 옆집 아저씨에게 요구하는 것이 같을까요? 아들은 떼를 쓰고 이루어질 줄로 믿고 요구합니다. 왜냐하면 아들이 청한 사람은 옆집 아저씨가 아니라 자신의 아버지이기 때문입니다. 내 아버지이기 때문에, 내가 이렇게 기도하고 믿으면 그 신뢰를 바탕으로 아버지가 나의 청을 들어주신다는 믿음을 가진 것입니다.

누구를 믿을 것인가 하는 믿음의 대상이 진정한 하나님 아버지가 아니라 옆집 아저씨라면 기도한다고 해도 그때마다 의심이

들 수밖에 없습니다. 내가 아무리 큰 믿음으로 기도한다 해도 옆집 아저씨가 내 말을 들을지 말지는 그 아저씨 마음이기 때문입니다. 그러나 우리 아버지는 그렇지 않습니다. 내가 아버지의 자녀이기 때문에, 기도하고 믿음으로 취할 때 아버지께서는 나를 도우시고 행하시기 때문입니다.

> 믿음은 바라는 것들의 실상이요 보지 못하는 것들의 증거니
> _히 11:1

이것은 우리가 정말 잘 아는 말씀입니다. 하지만 우리가 단어를 외우고 뜻에 집중해서 믿고 기도하기만 한다고 그 말씀이 이루어집니까? 믿음의 실상과 증거를 이루시는 분이 누구십니까? 바로 예수 그리스도이십니다. 그분에 대한 생각 없이 단지 자신의 믿음만 가지고 "믿음은 바라는 것들의 실상이요 보지 못하는 것들의 증거"라고 외치는 것은 의미가 없습니다.

진정한 믿음은 두 가지입니다. 첫째는 그 일을 행하시는 분에 대한 믿음, 그분과 나와의 관계에 대한 믿음입니다. 둘째는 문제를 해결할 수 있는 믿음입니다. 그런데 많은 사람들이 후자의 믿음을 강조하면서 우리가 더 열심을 내야만 한다고 생각합니다. 그분이 요구하시는 믿음의 수준에 미처 이르지 못했기 때문에 어떤

일도 일어나지 않는다고 여기고 더 열심히 더 많이 기도하면서 기다리겠다고 합니다.

그러니까 우리는 흔히 어떤 일이 이루어지지 않을 때, 예수님께서 어떤 수준 이상의 믿음을 요구하시는데 우리의 믿음이 아직 그 분량에 미치지 못했기 때문에 예수님께서 그 일을 이루어주지 않으신다고 생각하는데, 이것은 진리를 알지 못하는 데서 비롯된 잘못된 믿음입니다. 그 일을 이루시는 분을 우리의 진정한 아버지가 아닌 옆집 아저씨처럼 믿기 때문에 그분이 나의 청을 들어주실까 안 들어주실까 의심하는 것입니다.

다시 말해서 기도는 해도 자신의 기도가 하나님의 뜻대로 하는 기도인지 아닌지 모르는 것입니다. 하나님의 뜻대로 기도한다면, 하나님 앞에 담대함을 얻고 우리가 기도하는 것마다 그분이 들으시고 또한 이루어주실 것을 압니다(요일 5:14,15).

맞춤형 치유자 예수 그리스도

한 문둥병자가 나아와 절하고 가로되 주여 원하시면 저를 깨끗케 하실 수 있나이다 하거늘 예수께서 손을 내밀어 저에게 대시며 가라사대 내가 원하노니 깨끗함을 받으라 하신대 즉시 그의 문둥병이 깨끗하여진지라 _마 8:2,3

이 문둥병자가 예수님께 "원하시면 저를 깨끗케 하실 수 있나이다"라고 요구했을 때 예수님은 "내가 원하노니 깨끗함을 받으라"라고 말씀하셨습니다. 예수님은 우리의 기도를 들으시고, 우리가 요구하는 대로 이루어주시는 분입니다.

곧이어 나오는 백부장의 믿음은 어떠합니까? 백부장은 예수님께 어떤 것을 요구했습니까?

> 주여 내 집에 들어오심을 나는 감당치 못하겠사오니 다만 말씀으로만 하옵소서 그러면 내 하인이 낫겠삽나이다 … 예수께서 백부장에게 이르시되 가라 네 믿은 대로 될지어다 하시니 그 시로 하인이 나으니라 _마 8:8,13

백부장은 하인이 낫기를 원한다고 말하지 않았습니다. 단지, 예수님께서 말씀으로만 하시기를, 그러면 자신의 하인이 나을 것을 믿었습니다. 그러자 예수님께서도 그가 믿은 대로 될 것을 말씀하셨고, 또 그대로 이루어졌습니다.

> 한 직원이 와서 절하고 가로되 내 딸이 방장 죽었사오나 오서서 그 몸에 손을 얹으소서 그러면 살겠나이다 하니 … 예수께서 들어가사 소녀의 손을 잡으시매 일어나는지라 _마 9:18,25

또 한 직원이 죽은 자기 딸의 몸에 예수님이 손을 얹으면 살겠다고 하자 예수님은 그의 요구대로 그의 집으로 가셨고 죽은 직원의 딸의 손을 잡으셨습니다. 그러자 소녀는 즉시 벌떡 일어났습니다.

> 열두 해를 혈루증으로 앓는 여자가 예수의 뒤로 와서 그 겉옷 가를 만지니 이는 제 마음에 그 겉옷만 만져도 구원을 받겠다 함이라 예수께서 돌이켜 그를 보시며 가라사대 딸아 안심하라 네 믿음이 너를 구원하였다 하시니 여자가 그 시로 구원을 받으니라 _마 9:20-22

혈루증을 앓던 여인은 예수님의 겉옷 가를 만지기만 해도 구원함을 받겠다는 믿음 그대로 예수님의 옷을 만졌고, 예수님도 여인의 믿음이 여인 자신을 구원하였다고 말씀하셨습니다.

> 사람들이 귀먹고 어눌한 자를 데리고 예수께 나아와 안수하여 주시기를 간구하거늘 예수께서 그 사람을 따로 데리고 무리를 떠나사 손가락을 그의 양 귀에 넣고 침 뱉아 그의 혀에 손을 대시며 하늘을 우러러 탄식하시며 그에게 이르시되 에바다 하시니 이는 열리라는 뜻이라 그의 귀가 열

리고 혀의 맺힌 것이 곧 풀려 말이 분명하더라 _막 7:32-35

사람들이 귀먹고 어눌한 자를 데리고 예수께 나와 안수해주시기를 간구했습니다. 예수님은 그 사람의 양 귀와 혀에 안수하셨고 그러자 귀가 열리고 혀의 맺힌 것이 곧 풀리는 역사가 일어났습니다.

절대 믿음

지금까지 성경을 살펴본 것처럼 예수님은 우리가 구하는 대로 치유해주시는 맞춤형 치유의 원조이십니다. 그런데도 우리는 어떤 상황과 문제가 풀리려면 예수님이 요구하시는 수준 이상의 믿음을 가져야만 된다고 착각한다는 것입니다. 그러나 예수님이 치유하신 각각의 사람들을 보십시오. 그들은 믿음의 수준이 다르고 원하는 바도 달랐습니다. 하지만 놀랍게도 예수님은 그 믿음대로 한 사람도 빠짐없이 다 치유해주셨습니다.

"나는 믿음이 없어서…."
"기도를 많이 못해서…."
"헌금을 많이 못해서…."
"아직 금식기간이 모자라서…."

아닙니다! 예수님은 우리 믿음의 분량에 따라 우리에게 치유함을 주시는 것이 아닙니다. 예수님은 우리의 요구대로 안수해달라면 안수해주셨고, 말씀으로만 해달라면 말씀으로 하셨고, 손을 얹으라면 손을 얹어서 치유해주셨습니다. 그리고 우리가 믿은 대로 되리라고 말씀하셨습니다.

당신에게 어떤 믿음이 있습니까? 이 백부장, 문둥병자, 혈루증 앓던 여인, 귀머거리와 벙어리인 자가 우리와 다른 것이 있다면 무엇이겠습니까? 그들은 우리가 갖지 못한 믿음을 가지고 있었습니다. 바로 예수님이 절대적인 치유자이심을 믿는 믿음입니다. 그들은 하나같이 한 치의 의심도 없이 예수 그리스도가 구원자이시며, 그분만이 생명이시며, 그분만이 치유자라는 절대 불변의 믿음을 가지고 있었습니다. 그들의 마음속에는 그들의 믿음이 어떠하든지 간에 그분 앞에만 가면 그분이 100퍼센트 치유해주신다는 믿음이 있었습니다.

우리 믿음의 근본은 오직 예수 그리스도이십니다. 그분이 모든 것을 해결하십니다. 그분이 치유하십니다. 당신은 그분이 우리의 구원자이시며 치유자이심을 일말의 의심 없이 믿습니까? 예수님에 대한 절대적인 믿음이 없다면 당신의 믿음의 분량이 아무리 크다고 해도 아무 일도 일어나지 않습니다. 오직 예수 그리스도, 그분 안에 있어야만 모든 일들이 일어날 수 있습니다.

이제 믿음의 비중을 바꾸십시오. '어떻게'의 믿음을 버리십시오. 기도해야, 헌금내야, 안수를 받아야, 금식해야 뭔가 일이 일어날 것 같다는 착각을 버리십시오. 우리는 그보다 좀 더 근원적인 믿음을 가져야 합니다. 오직 예수 그리스도, 그분을 절대적으로 신뢰하는 믿음을 가져야 합니다.

시선 고정!

마태복음 14장에는 물 위를 걷는 베드로의 이야기가 나옵니다.

> 예수께서 바다 위로 걸어서 제자들에게 오시니 제자들이 그 바다 위로 걸어오심을 보고 놀라 유령이라 하며 무서워하여 소리 지르거늘 예수께서 즉시 일러 가라사대 안심하라 내니 두려워 말라 베드로가 대답하여 가로되 주여 만일 주시어든 나를 명하사 물 위로 오라 하소서 한대 오라 하시니 베드로가 배에서 내려 물 위로 걸어서 예수께로 가되 바람을 보고 무서워 빠져 가는지라 소리 질러 가로되 주여 나를 구원하소서 하니 예수께서 즉시 손을 내밀어 저를 붙잡으시며 가라사대 믿음이 적은 자여 왜 의심하였느냐 하시고 배에 함께 오르매 바람이 그치는지라 _마 14:25-32

베드로는 예수님이 오라는 말씀에 좌우를 볼 겨를도 없이 배에서 내려 바다 위로 걸음을 내딛었습니다. 그리고 놀랍게도 걷기 시작했습니다. 하지만 곧 제 정신을 차리고(?) 자신이 물 위를 걷고 있다는 사실을 인식하고 좌우를 보는 순간 그는 물에 빠지기 시작했습니다. 그렇습니다. 우리에게 필요한 믿음도 '어떻게'의 믿음보다 '누구에게' 믿음의 초점을 집중하느냐가 먼저입니다. 그 믿음이 있고 나서야 '어떻게'의 믿음이 성립합니다.

> 모세가 놋뱀을 만들어 장대 위에 다니 뱀에게 물린 자마다 놋뱀을 쳐다본즉 살더라 _민 21:9

하나님이 모세에게 말씀하신 것처럼 놋뱀을 보는 자마다 치유되었습니다. 그런데 한 눈은 놋뱀을 보고 다른 한 눈은 자신을 볼 수 있습니까? 우리는 두 개를 한꺼번에 보지 못합니다. 따라서 높이 달린 예수 그리스도를 보지 않고 자신의 문제를 볼 때, 그 문제의 책임은 자신이 져야 합니다. 그러나 놋뱀을 보면 그때부터 예수님의 책임입니다.

이 비밀을 깨달으십시오. 당신의 문제가 어떻든 당신의 상황이 어떻든지 간에, 당신이 예수 그리스도를 볼 때, 당신 문제의 책임은 예수님께 있습니다. 예수님이 당신을 책임지십니다.

내 안에 예수 그리스도가 계신 믿음인가?

너희가 내 안에 거하고 내 말이 너희 안에 거하면 무엇이든지 원하는 대로 구하라 그리하면 이루리라 _요 15:7

이제 우리는 이 말씀을 새롭게 읽어야 합니다. 우리가 우리 자신을 바라보는 자존적(自存的) 존재가 아니라 하나님의 자녀이며, 하나님의 뜻대로 살아가는 존재로 변화된 이상, 우리가 원하는 모든 것이 하나님의 뜻이 됩니다. 더 이상 내 욕심을 구하는 것이 아니라 이 땅에 하나님의 뜻을 이루기 위한 일들이라면 모두 하나님께서 이루실 것입니다.

그러기 위해서 우리는 "너희가 내 안에 거하고 내 말이 너희 안에 거하면"이라는 전제조건을 충족시켜야 합니다. 우리가 "믿음은 바라는 것들의 실상이요 보지 못하는 것들의 증거니"(히 11:1)라는 하나님의 말씀을 읽고 암기하고 묵상하면 그분의 말씀이 내 안에 들어와 있는 것입니다. 그러면 "너희가 내 안에 거한다"라는 말씀대로, 내가 예수 그리스도 안에 거하는 것을 어떻게 알 수 있습니까? 반대로 예수 그리스도께서 내 안에 거하시는 것을 어떻게 알 수 있습니까?

> 그의 성령을 우리에게 주시므로 우리가 그 안에 거하고 그가 우리 안에 거하시는 것을 아느니라 _요일 4:13

그렇다면 우리 안에 성령이 계신지 안 계신지는 어떻게 압니까?

> 그러므로 내가 너희에게 알게 하노니 하나님의 영으로 말하는 자는 누구든지 예수를 저주할 자라 하지 않고 또 성령으로 아니하고는 누구든지 예수를 주시라 할 수 없느니라
> _고전 12:3

 예수를 주(主)시라 고백하는 우리 안에는 성령이 계십니다. 성령이 함께하시기 때문에 예수 그리스도께서 우리 안에 계십니다. 그렇다면 이제 우리가 해야 할 일은 오직 예수 그리스도만을 바라보는 것입니다. 그분을 만날 때 우리의 문제가 해결됩니다.
 지금 우리의 믿음에 문제가 없는지 확인해보십시오. 당신의 믿음이 혹 예수 그리스도가 빠진 믿음은 아닙니까? 나름대로 열심히 신앙생활을 한다고 했지만, 믿음의 실체이자 모든 것의 근원이 되시는 예수 그리스도를 소홀히 하지는 않았습니까? 자신이 그리스도 안에서 발견되는 것에 소홀하지 않았습니까? 자기 문제에 집착하느라 그 문제의 해결자이신 예수 그리스도께서 내 전부를 사

로잡으시도록 하는 일에 소홀하지 않았는지 회개하십시오.

　예수 그리스도께서 당신의 온 마음에 가득 찰 때, 당신의 문제도 떠나가고 당신의 상처도 떠나가고 당신의 질병도 떠나갈 것입니다. 그 순간에 하나님이 역사하십니다. 기적을 일으키는 믿음은 우리 자신에게 있는 것이 아니라 하나님께 있습니다.

오직 의인은 믿음으로 말미암아 살리라!
THE RIGHTEOUS WILL LIVE BY FAITH

자기 문제에 집착하지 않고 문제의 해결자이신 예수를 만나야 문제가 해결됩니다. 믿음의 실체이신 예수 그리스도 한 분께 당신의 믿음의 초점을 집중하십시오.

04 | Faith with Miracle

예수의 피가 우리를 죄에서 자유케 하는
보혈됨을 믿어라

죄에서 자유한가?

만일 당신이 지금 뭔가 잘못을 저질렀고 때마침 내가 당신에게 이런 질문을 했다고 가정해봅시다.

"당신은 구원 받았습니까?"

"물론입니다. 나는 구원 받은 사람입니다."

"그럼 당신은 잘못에 대해 진심으로 회개했습니까?"

"예! 나는 그 문제에 대해 회개했고 죄 사함을 위해서 기도했습니다."

"그렇다면 당신의 죄를 용서 받았다고 믿습니까?"

"글쎄요, 그렇게 기도했는데도 마음이 편치 않고 계속 죄책감이 일어나요. 내가 정말 죄 사함을 받은 것인지 궁금합니다. 정말 죄를 용서 받았는지는 잘 모르겠습니다."

나는 수많은 사람들이 이렇게 응답하는 것을 들었습니다.

"아직 기도가 부족한 것 같아요."

"진심으로 기도하지 못한 것 같아요."

"회개기도는 했지만, 죄 사함을 받았는지에 대해서는 솔직히 자신이 없어요."

"내가 이런 죄를 짓다니, 나 자신을 용서할 수 없어요."

"하나님은 결코 이런 나를 용서하지 않으실 거예요."

성경은 죄의 삯은 사망이며 피 흘림 없이는 죄 사함이 없고 육체의 생명은 피에 있다고 분명히 말씀합니다. 이것은 만고(萬古)의 진리입니다. 예를 들어서, 한 인간이 어떤 죄를 지었다 할지라도 죽으면 끝이 납니다. 죄의 삯은 사망이기 때문입니다. 사망을 지불하면 죄나 율법은 더 이상 어떤 영향력도 미치지 못합니다. 반대로, 피 흘림이 없이는 누구도 이 땅에 사는 동안 죄로부터 자유케 될 수 없습니다. 다시 말해서, 율법의 저주에서 벗어날 길이 없습니다. 죄의 삯은 사망이고 육체의 생명은 피에 있고 피 흘림이 없이는 죄 사함이 없기 때문입니다.

육체의 생명은 피에 있음이라 내가 이 피를 너희에게 주어

단에 뿌려 너희의 생명을 위하여 속하게 하였나니 생명이 피에 있으므로 피가 죄를 속하느니라 _레 17:11

율법을 좇아 거의 모든 물건이 피로써 정결케 되나니 피 흘림이 없은즉 사함이 없느니라 _히 9:22

죄의 삯은 사망이요 하나님의 은사는 그리스도 예수 우리 주 안에 있는 영생이니라 _롬 6:23

죄 용서의 근원은 예수의 피다!

우리가 이 땅에서 사는 동안에는 죄를 지을 수 있습니다. 당신은 죄를 지을 때마다 죄 사함의 기쁨을 누립니까? 아니면 그럴 때마다 죄의식, 죄책감 또는 정죄감으로 괴로워합니까?

우리가 그리스도 안에서 그의 은혜의 풍성함을 따라 그의 피로 말미암아 구속(救贖) 곧 죄 사함을 받았으니 _엡 1:7

만일 우리가 우리 죄를 자백하면 저는 미쁘시고 의로우사 우리 죄를 사하시며 모든 불의에서 우리를 깨끗케 하실 것이요 _요일 1:9

이 말씀처럼 우리가 회개하면 하나님께서는 우리의 죄를 사하시고, 모든 불의에서 우리를 깨끗케 하신다고 말씀하셨는데도 불구하고, 죄 용서함에 대해서 확신을 누리지 못하는 것은 왜일까요? 흔히 말하는 믿음만의 문제일까요? 아닙니다. 믿음에 앞서 진리를 알지 못하기 때문입니다. 참진리를 붙들 때만이 자유함이 옵니다(요 8:32). 우리가 알아야 할 가장 고귀한 진리는 예수님의 보혈에 대한 것입니다. 예수님의 피만이 죄 사함을 주고, 예수님의 피만이 능력이 있습니다.

우리는 날마다 믿음으로 피를 뿌리는 삶을 살아야 합니다. 우리가 진정으로 예수 보혈의 능력을 안다면 회개함과 죄 사함으로 인해, 죄책감, 죄의식, 정죄감으로부터 자유함을 누려야 합니다. 구원 받은 우리는 하나님의 의(義)입니다.

> 하나님의 뜻대로 하는 근심은 후회할 것이 없는 구원에 이르게 하는 회개를 이루는 것이요 세상 근심은 사망을 이루는 것이니라 _고후 7:10

> 하나님이 죄를 알지도 못하신 자로 우리를 대신하여 죄를 삼으신 것은 우리로 하여금 저의 안에서 하나님의 의가 되게 하려 하심이니라 _고후 5:21

예수 그리스도를 구주로 영접할 때, 그분의 피로 말미암아 죄의 형벌로부터의 영원히 자유함을 얻은 것과(구원을 얻은 것과) 매일매일 사는 날 동안에 짓는 죄로부터 날마다 새롭게 되는 것이(구원을 이루어나가는 것이) 무엇인지 알아보도록 하겠습니다.

첫 번째 피의 언약

하나님께서는 성경의 창세기에서부터 요한계시록까지, 본래 목적하셨던 온전한 하나님나라를 이루어 가시고자 자신의 백성과 지속적으로 언약을 맺으셨습니다. 하나님께서 자신의 백성들과 처음 맺은 언약도 피의 언약이었습니다.

> 이러므로 첫 언약도 피 없이 세운 것이 아니니 모세가 '율법대로' 모든 계명을 온 백성에게 말한 후에 송아지와 염소의 피와 및 물과 붉은 양털과 우슬초를 취하여 '그 책과 온 백성에게 뿌려' 이르되 이는 하나님이 너희에게 명하신 언약의 피라 하고 또한 이와 같이 피로써 장막과 섬기는 일에 쓰는 '모든 그릇에 뿌렸느니라' 율법을 좇아 거의 '모든 물건이 피로써 정결케 되나니' 피 흘림이 없은즉 사함이 없느니라 _히 9:18-22

우리는 죄 사함 받기 위해서 피를 흘려야 합니다. 우리는 죄를 지어 죽을 수밖에 없는 존재가 되었지만 하나님께서는 우리를 사랑하셔서 우리를 버리지 않으셨습니다. 피의 언약을 통해 우리가 하나님의 영광 안으로 들어갈 수 있는 길을 계속 열어놓으시고 우리에게 그것을 약속하셨습니다.

모세가 책과 온 백성에게 또 모든 기명(器皿)에 송아지와 염소의 피를 뿌렸습니다. 이때 피를 뿌렸다는 것은 피로써 거의 모든 것이 깨끗해지기 때문이며, 동물의 피를 백성들에게 뿌리므로 죄를 사함 받는 의식적인 제사를 드린 것입니다. 피 흘림이 없이는 죄 사함이 없기 때문입니다.

히브리서 9장 말씀에 해당하는 본문이 출애굽기 24장에 나옵니다. 모세와 그 백성들이 시내산에서 하나님과 언약을 세우는 장면입니다.

> 모세가 여호와의 모든 말씀을 기록하고 이른 아침에 일어나 산 아래 단을 쌓고 이스라엘 십이 지파대로 열두 기둥을 세우고 이스라엘 자손의 청년들을 보내어 번제와 소로 화목제를 여호와께 드리게 하고 모세가 피를 취하여 반은 여러 양푼에 담고 반은 단에 뿌리고 언약서를 가져 백성에게 낭독하여 들리매 그들이 가로되 여호와의 모든 말씀을 우

리가 준행하리이다 모세가 그 피를 취하여 백성에게 뿌려 가로되 이는 여호와께서 이 모든 말씀에 대하여 너희와 세우신 언약의 피니라 _출 24:4-8

하나님은 자신의 백성과 약조를 맺으셨습니다. 그 약조의 징표로서 피를 뿌렸고 그것을 '언약의 피'라고 말씀하신 것입니다. 이 약정은 피의 언약이며, 피는 생명과 동일한 것으로 생명을 걸고 약정한 것과 마찬가지입니다. 따라서 이 언약을 지키면 축복과 생명을 얻지만 이 언약을 지키지 않으면 죄의 삯이 사망인 것처럼 사망과 저주에 이를 수밖에 없다는 뜻이기도 합니다.

그렇지만 그 후로도 구약시대에 그렇게 수많은 동물을 잡아서 피를 흘리고 그 피를 온 백성에게 뿌리고 제단에 뿌리는 제사를 수없이 드렸지만 그것은 동물의 피밖에 되지 않았습니다. 그 피는 이스라엘 백성의 죄와 그들의 행위를 잠시 덮을 수 있을지언정 그 죄를 완전히 영원히 속(贖)할 수 없다는 것입니다.

예수 피의 언약

그렇습니다. 율법으로는, 동물의 희생 제사로는 하나님 앞에 나아가는 사람들을 완전하게 할 수 없었습니다. 만일 그것이 가능했다면 제사를 드리는 사람이 그 제사로 단번에 깨끗하게 되어 다시는 죄의식을 갖지 않았을 것이며, 제물을 드리는 제사 역시 중단했을 것입니다.

> 율법은 장차 오는 좋은 일의 그림자요 참형상이 아니므로 해마다 늘 드리는바 같은 제사로는 나아오는 자들을 언제든지 온전케 할 수 없느니라 그렇지 아니하면 섬기는 자들이 단번에 정결케 되어 다시 죄를 깨닫는 일이 없으리니 어찌 드리는 일을 그치지 아니하였으리요 그러나 이 제사들은 해마다 죄를 생각하게 하는 것이 있나니 이는 황소와 염소의 피가 능히 죄를 없이 하지 못함이라 _히 10:1-4

그 제사는 제사를 드릴 때마다 죄를 생각나게 할 뿐입니다. 그것은 황소나 염소의 피가 죄를 없애지 못하기 때문입니다. 구약에서 동물의 피를 뿌리는 제사의 기능은 그 제사를 드릴 때마다 '아, 제사 없이는 나의 죄를 용서 받을 수 없는 인간이구나. 하나님의 말씀대로 제대로 살지 않으면 죽을 수밖에 없는 인간이구나'라고 깨닫게 하는 것입니다. 결국 제사를 드릴 때마다 죄 용서함을 받아 시원하게 되는 것이 아니라 그 제사를 드릴 때마다 자기 죄를 떠올리게 되어 더 죄의식에 사로잡히고 맙니다.

비록 그 육신의 죄가 피로 정결케 되었다고 해도 다시 돌아가서 동일한 죄를 짓고, 하나님의 율법을 지키지 못하고 살고, 그래서 때가 되어 제사를 드리러 나왔을 때 다시 죄의식에 싸여 제물을 드릴 수밖에 없는 삶을 사는 것, 그것이 바로 구약의 제사입니다.

> 그러므로 세상에 임하실 때에 가라사대 하나님이 제사와 예물을 원치 아니하시고 오직 나를 위하여 한 몸을 예비하셨도다 전체로 번제함과 속죄제는 기뻐하지 아니하시나니 이에 내가 말하기를 하나님이여 보시옵소서 두루마리 책에 나를 가리켜 기록한 것과 같이 하나님의 뜻을 행하러 왔나이다 하시니라 _히 10:5-7

말씀에 따르면, 하나님께서는 우리가 율법을 따라 드리는 제사와 예물과 번제함과 속죄제를 원치 않으신다고 하셨고, 예수 그리스도께서는 이 세상에 그 하나님의 뜻을 행하러 오셨습니다.

> 그 후에 말씀하시기를 보시옵소서 내가 하나님의 뜻을 행하러 왔나이다 하셨으니 그 첫 것을 폐하심은 둘째 것을 세우려 하심이니라 _히 10:9

예수님은 먼저 것을 폐하기 위해 오셨습니다. 수많은 동물의 피를 흘리고 그 피를 뿌려서 제사를 드릴 때마다 죄가 더 생각나던 그 먼저 것을 폐지하고 하나님의 뜻을 행하기 위해 다시금 우리와 '새로운 피의 언약'을 맺으신 것입니다.

피 뿌림을 받아 거룩해진 우리가 할 일

> 이 뜻을 좇아 예수 그리스도의 몸을 단번에 드리심으로 말미암아 우리가 거룩함을 얻었노라 _히 10:10

예수님은 하나님의 뜻에 따라 자신의 몸을 단번에, 오직 한 번 드리셔서 우리를 거룩하게 하셨습니다. 수없는 동물의 피로 똑같은 제사를 거듭 드려도 우리 죄가 없어지지 않았는데, 예수 그리스도께서 우리 죄를 사하시기 위해 자신을 드린 단 한 번의 영원한 제사로 우리가 거룩하게 된 것입니다.

> 오직 그리스도는 죄를 위하여 한 영원한 제사를 드리시고 하나님 우편에 앉으사 그 후에 자기 원수들로 자기 발등상이 되게 하실 때까지 기다리시나니 저가 한 제물로 거룩하게 된 자들을 영원히 온전케 하셨느니라 _히 10:12-14

그렇습니다. 그리스도는 한 번의 영원한 제사를 드리시고 하나님의 우편에 앉으셨습니다. 그 후로 원수들이 자기 발아래 굴복하게 될 때까지 기다리고 계십니다.

그러면 그 원수들을 예수 그리스도의 발아래 굴복시키는 자가 누구입니까? 바로 예수의 피 뿌림을 받은 우리입니다. 그 피 뿌림으로 영원히 죄 사함 받은 자, 죄의 형벌로부터 구원 받은 것이 무엇인지를 아는 우리가 오늘도 그 피를 가는 곳곳마다 뿌려서 더럽고 악한 마귀의 일을 멸하게 하시고, 원수들이 그분의 발아래 무릎을 꿇을 때까지 기다리십니다.

예수 그리스도께서 스스로 자신의 몸으로 단번에 드린 제사로써(피 흘리시고 죽으심으로) 우리는 죄의 형벌, 즉 영원한 죽음으로부터 사함을 받았습니다. 우리가 구원을 얻었을 때, 우리는 죄의 형벌로부터 영원히 자유케 되었습니다. 따라서 구원 받은 우리가 이생을 사는 동안에 짓는 죄는 죄인이 짓는 죄가 아니라 은혜로 구원 받은 의인이 짓는 죄입니다.

이 죄는 비록 우리가 죄의 형벌로부터 영원한 자유를 얻었지만, 우리가 육신에 거하는 동안에는 피할 수 없는 죄이기도 합니다. 죄의 세력은 구원 받은 자를 도둑질하고자 우리의 경험과 정욕과 욕심, 환경의 틈을 타서 우리로 하여금 육신의 죄를 짓게 합니다. 이 죄 역시 예수의 피만이 유일한 해결책입니다. 죄의 삯인 사망으로부터 영원한 죄 사함을 받는 것도 예수의 피 때문이고, 구원 받은 자가 지을 수 있는 죄도 오직 예수의 피로만 사함을 얻을 수 있는 것입니다.

자아에 뿌려진 보혈 효과

> 영원하신 성령으로 말미암아 흠 없는 자기를 하나님께 드린 그리스도의 피가 어찌 너희 양심으로 죽은 행실에서 깨끗하게 하고 살아 계신 하나님을 섬기게 못하겠느뇨 _히 9:14

염소와 황소의 피와 송아지의 재를 부정한 자에게 뿌리면 그 육체가 정결해져서 거룩하게 되는데(히 9:13), 예수 그리스도의 피야 말해 무엇 하겠습니까?

그리스도의 피는 우리를 죽은 행실에서 벗어나게 하고 우리의 심령을 깨끗케 합니다. 예수 그리스도의 피가 우리의 심령을 깨끗케 하기 때문에 우리의 심령에 그리스도의 영이 들어오셔서, 내가 죄 사함을 받았고 내가 죄책감으로부터 벗어났음을 우리에게 내적 증거로 알려주시는 것입니다. 오직 예수 그리스도의 보혈을 의지할 때, 어느 누구도 우리를 정죄할 수 없습니다(롬 8:1). 진정한 자유가 무엇인지 비로소 깨닫게 됩니다.

예수 그리스도의 십자가, 그 구속(救贖) 사건의 핵심은 피 흘림입니다. 우리가 예수님이 흘리신 그 피의 능력을 온전히 깨달을 때, 그 피 뿌림을 받은 자로서 육체뿐만 아니라 심령까지 죄 사함 받을 수 있음을 반드시 기억하십시오.

우리가 진정으로 구원을 받았다는 의미는 무엇입니까? 예수의 피가 우리의 죄를 사하기 위해 흘리신 피임을 믿는 것이며, 그 피를 뿌렸을 때 우리의 육체뿐만 아니라 우리의 심령까지 정결케 되어 죄 사함 받음을 믿는 것입니다. 나의 자아에 예수 그리스도의 피를 뿌림으로써 그리스도의 영이 내 안에 들어오신다는 것입니다.

다시 말해서, 예수 그리스도의 십자가에 나의 자아를 못 박아 죽일 때, 그것을 믿음으로 받아들일 때, 그 예수 보혈의 능력을 믿음으로 받아들일 때, 우리 안에 있던 세상 신(神)이 떠나가고 그리스도의 영(靈)이 들어온다는 것입니다. 육체와 마음이 원하는 대로 살았던 본질상 진노의 자녀인 우리 안에 거하던 세상 신, 우리의 심령에 와서 우리의 삶을 통치하던 세상 신이 떠나갔다는 말입니다(엡 2:2,3).

이 세상의 신을 떠나가게 할 수 있는 것은 동물의 피가 아니라 예수의 피밖에 없습니다. 그 피가 우리의 심령을 깨끗케 한다는 것을 모르면 우리는 우리를 참소하는 사탄에게 매번 속을 것입니다.

날마다 예수의 피를 뿌리는 제사장의 삶을 살라!

구약에서는 동물의 흘린 피를 실제적으로 책과 온 백성과 모든 그릇에 뿌려서 우리가 흘려야 할 피를 대신했습니다(히 9:19-22). 즉, 피를 뿌림으로써(피를 믿음으로 적용하여) 정결케 된다는 것입니다. 즉, 율법대로, 행위적으로 동물을 잡아 피를 내고 그것을 뿌려서 속죄함를 받았다는 것입니다.

> 그리스도께서 장래 좋은 일의 대제사장으로 오사 손으로 짓지 아니한 곧 이 창조에 속하지 아니한 더 크고 온전한 장막으로 말미암아 '염소와 송아지의 피로 아니하고 오직 자기 피로(피 흘림으로써, 괄호는 저자 주) 영원한 속죄를 이루사 단번에 성소에 들어가셨느니라' (구약에서의 피 언약은, 괄호는 저자 추가) 염소와 황소의 피와 및 암송아지의 재로 부정한 자에게 뿌려 그 육체를 정결케 하여 거룩케 하거든 '하물며 영원하신 성령으로 말미암아 흠 없는 자기를 하나님께 드린 그리스도의 피가'(그리스도의 피를 뿌림으로써, 그리스도의 피를 내 삶에 믿음으로 적용함으로써, 저자 주) 어찌 너희 양심으로 죽은 행실에서 깨끗하게 하고 살아 계신 하나님을 섬기게 못하겠느뇨 _히 9:11-14

예수님께서 피 흘리심으로 우리가 흘려야 할 피를 대신한 것입니다. 그렇다면, 구약의 제사장이 동물의 피를 뿌림으로써 죄 사함을 받은 것처럼 새 언약 하에 살고 있는 우리도 제사장으로서 예수의 피를 뿌림으로써 보혈의 능력을 누려야 합니다.

> 새 언약의 중보이신 예수와 및 아벨의 피보다 더 낫게 말하는 뿌린 피니라 _히 12:24

> 곧 하나님 아버지의 미리 아심을 따라 성령의 거룩하게 하심으로 순종함과 예수 그리스도의 피 뿌림을 얻기 위하여 택하심을 입은 자들에게 편지하노니 은혜와 평강이 너희에게 더욱 많을지어다 _벧전 1:2

그리스도인이라면 누구나 다 예수가 흘리신 대속(代贖)의 피가 얼마나 귀중한지를 압니다. 그런데 그 보혈의 능력을 실제로 맛보는 사람은 희소합니다. 그렇다면 왜 보혈의 능력을 경험하지 못하는 것일까요? 나는 많은 사람들과 대화를 나누면서 적어도 두 가지 사실을 알게 되었습니다.

첫 번째, 사람들이 대부분 예수님의 피 흘림은 알지만, 예수님의 피를 뿌리는 것에 대해 매우 무지하다는 것입니다.

두 번째, 신약에서 예수의 피를 어떻게 뿌려야 하는지를 모른다는 것입니다.

우리는 예수님이 흘리신 피를 뿌림으로 생명을 얻어야 합니다. 피를 뿌리는 것을 이상하게 생각하는 사람들도 많은데, 피를 뿌린다는 것은 믿음으로 보혈의 능력을 실제 삶에 적용한다는 의미입니다. 이 두 가지를 적용해야만 우리가 날마다 죄에서 해방되고 보혈의 놀라운 능력을 누릴 수 있습니다.

예수님이 흘리신 피는 우리의 죄를 사해주시는 능력이 있습니다. 예수의 피를 뿌린다는 의미를 다시 한번 생각해보십시오. 예수의 피가 나의 죄를 사했습니다. 예수의 피 때문에 예수의 생명이 내 안에 들어왔습니다. 예수의 피에는 예수의 생명이 있습니다. 따라서 우리의 삶이 아니라 예수의 삶을 살게 된다는 것입니다.

예수님의 흘리신 피를
믿음으로 (이해하려고 노력하는 것이 아니라)
뿌림으로써 (내 삶의 문제에 실제 적용할 때)
보혈의 능력이 나타납니다.

귀신과 마귀가 가장 싫어하는 것이 무엇인지 아십니까? 바로 예수님의 피입니다. 왜냐하면 예수님의 피를 뿌린 곳에는 죄가 없고 하나님의 영광이 임하기 때문에 귀신과 마귀가 떠나가지 않을 수 없기 때문입니다. 만약, 당신 안에 악한 영이 있다는 생각이 든다면, 지속적으로 예수의 피를 믿음으로 당신의 문제에 뿌리십시오. 악한 영이 곧바로 정체를 드러낼 것이며, 쫓겨나게 될 것입니다.

예수의 피로 사신 우리의 가치

우리가 어떤 물건을 살 때에는 그 물건의 값어치에 해당하는 돈을 치릅니다. 1천 원짜리를 1만 원 주고 샀다면 기분이 나쁩니다. 왜냐하면 정당한 거래를 하지 못했기 때문입니다. 거래를 할 경우 그 대가로 무엇과도 바꿀 수 없을 만큼 가장 귀한 것이 있다면, 그것은 바로 우리의 생명일 것입니다.

> 사람이 만일 온 천하를 얻고도 제 목숨을 잃으면 무엇이 유익하리요 사람이 무엇을 주고 제 목숨을 바꾸겠느냐
> _마 16:26

이 말씀은 온 세상을 다 준다고 해도 소용이 없을 만큼 인간의 목숨이 중요하다는 뜻입니다. 인간의 목숨이 그만큼 중요하다면 그 인간을 지으신 하나님의 아들의 가치는 얼마나 될까요? 당연히 그분의 목숨이 천하보다 더 귀하지 않겠습니까? 사실 하찮은 인간

의 목숨도 온 천하보다 더 귀하다고 하시는데, 이 우주의 주인이신 하나님의 아들 예수 그리스도의 생명보다 더 귀한 것이 어디 있겠습니까? 그런 관점에서 본다면, 인간의 생명과 예수 그리스도의 생명을 거래했다, 맞바꿨다는 것은 진짜 불공정거래입니다. 있을 수 없는 거래입니다. 그렇다면 하나님 아버지는 왜 이런 거래를 하셨을까요?

한 가지 비유를 들어보겠습니다. 경매장에 좋은 그림이 한 점 나왔습니다. 그것은 아름다운 여인의 초상을 그린 그림이었습니다. 곧 경매가 시작되었고 그림의 입찰가도 점점 높아졌습니다. 그런데 어느 노신사가 단번에 10억 원이라는 어마어마한 가격을 제안하면서 경매가 끝이 나고 말았습니다.

사실 그 그림이 매우 아름답고 좋은 그림이기는 했지만 전문가들이 매긴 감정가로는 5천만 원 이상 되지 않았습니다. 그런데도 그 노신사가 터무니없이 높은 가격을 써냈기 때문에 결국 그림을 단번에 낙찰 받은 것입니다.

나중에 알고 보니 노신사에게 사별한 아내가 있었는데, 그림 속 여인의 초상이 그의 아내를 정말 많이 빼닮았다고 합니다. 그는 죽은 아내를 사랑하는 마음을 담아 그 그림의 가치 이상의 거금을 치르고 그 그림을 샀던 것입니다. 특별한 경우이기는 하지만 충분히 있을 수 있는 일입니다.

그렇다면 예수님이 피를 흘리신 대속(代贖) 사건을 다시 한번 생각해보십시오. 우리가 죄 사함을 받는 대가로 예수 그리스도의 목숨이 지불되었습니다. 하나님께서 자신의 아들의 목숨을 주고 우리를 사신 것입니다. 그것이 바로 구속(救贖)의 의미입니다. 값을 지불하고 샀는데 정상가가 아니라 말도 안 되는 엄청난 값을 지불하고 사셨다는 것입니다.

> 너희 몸은 너희가 하나님께로부터 받은바 너희 가운데 계신 성령의 전(殿)인 줄을 알지 못하느냐 너희는 너희의 것이 아니라 '값으로 산' 것이 되었으니(for God bought you with 'a high price') 그런즉 너희 몸으로 하나님께 영광을 돌리라 _고전 6:19,20

> 너희는 '값으로 사신'(God purchased you at 'a high price') 것이니 사람들의 종이 되지 말라 _고전 7:23

그리스도인의 가치 척도

그렇다면, 하나님께서 왜 그런 어마어마한 값을 치르고 우리를 사셨는지가 관건입니다. 그것은 그만큼 하나님께서 우리를 사랑하시기 때문입니다. 그것이 우리 하나님의 본질이시기 때문입니다. 하나님의 사랑을 측량할 수 없는 것처럼 구속의 은혜, 예수님의 보혈의 가치도 헤아릴 수 없는 것입니다.

당신에게 자녀가 있다면 다시 한번 생각해보십시오. 부모는 자녀에게 아까울 것이 없습니다. 설령 그가 어떤 엄청난 죄를 저질렀다 해도 그 자녀가 제대로 되기만 한다면 그 자녀 대신에 차라리 자신이 벌을 받겠다고 하는 것이 바로 부모의 마음입니다. 그것이 아버지의 마음입니다.

> 너희가 알거니와 너희 조상의 유전한 망령된 행실에서 구속된 것은 은이나 금같이 없어질 것으로 한 것이 아니요 오직 흠 없고 점 없는 어린양 같은 '그리스도의 보배로운 피'로 한 것이니라 _벧전 1:18,19

보배로운 피, 우리는 그것을 '보혈'(寶血)이라고 부릅니다. 하나님은 우리의 죄 값으로 우리 생명과 비교할 수 없는 아들의 생명을 값으로 지불하시고 우리를 사서, 우리를 자신의 자녀로 삼으셨습니다. 하나님은 이처럼 우리를 말할 수 없이 사랑하십니다. 하나님께서 우리를 얼마나 사랑하시는지, 하나님의 사랑하심만큼 우리가 얼마나 귀중한 존재인지 자각할 때, 우리는 이 땅에서 승리할 수 있습니다.

> 보라 아버지께서 어떠한 사랑을 우리에게 주사 하나님의
> 자녀라 일컬음을 얻게 하셨는고, 우리가 그러하도다 그러
> 므로 세상이 우리를 알지 못함은 그를 알지 못함이니라
>
> _요일 3:1

세상 사람들은 우리가 얼마나 귀중한 존재인지 알지 못합니다. 왜 그렇습니까? 그것은 우리를 하나님의 자녀로 부르신 그 하나님 아버지가 누구인지 모르기 때문입니다.

그런데 더 안타까운 것은 하나님의 자녀인 우리도 자신의 가치를 제대로 환산하지 못한다는 것입니다. 우리의 가치를 어떻게 매깁니까? 다른 사람과 비교해서 무엇을 더 잘 하느냐, 다른 사람에 비해 무엇을 더 소유했느냐, 다른 사람보다 얼마나 더 많이 배웠느냐 하는 것으로 여전히 자신의 가치를 결정합니까? 틀렸습니다. 우리의 가치는 거기에 달려 있는 것이 아니라 나를 지으신 하나님 아버지가 나를 얼마나 사랑하시느냐, 그 사랑 때문에 얼마나 큰 값을 치르고 당신의 자녀로 삼으셨느냐에 달렸습니다.

하나님의 자녀인 우리는 이 세상에서 세상 사람들과 거의 똑같이 평범하게 살아갑니다. 마치 독수리가 참새 틈에 끼여서 자신이 누구인지도 모르고 참새처럼 살아가는 것과 같습니다. 세상 사람들은 우리가 얼마나 소중한 존재인지 모릅니다. 그들은 "너희

가 예수 믿는다고 다른 게 뭐냐?'라고 묻습니다. 그럴 때, '그래 맞아, 내가 예수 믿고 더 좋아진 게 뭐야? 그래도 이 세상 살고 나면 천국에는 갈 수 있어!'라고 자위하는 그리스도인들까지 있는 실정입니다.

그러나 자기 아버지가 누구인지도 모른 채 한 세상을 살아가는 사람과 자신의 생명을 치르고 다시 자식을 살린 아버지의 사랑과 관심과 돌봄을 받는 사람을 어떻게 비교할 수 있겠습니까? 예수의 피를 알지 못하는 그들에게는 죄 사함이 없습니다. 그들에게는 영생이 없습니다. 그들에게는 은혜가 없습니다. 그러나 우리에게는 죄 사함이 있고 영생이 있습니다. 우리는 날마다 아버지의 은혜를 누릴 수 있습니다.

하나님의 사랑은 죄를 용서하시는 압도적인 사랑이다

그러면 우리가 하나님이 주신 죄 사함과 영생과 은혜를 왜 제대로 누리지 못합니까? 바로 우리를 위해 흘리신 보혈이 뭔지 깨닫지 못했기 때문입니다. 하나님의 진리의 말씀이 무엇인지 모르기 때문입니다. 이미 다 주셨는데 주신 것을 누리지 못하고 있는 것입니다. 하나님은 오늘도 살아 계십니다. 그 아버지께서 지금도 우리를 돌보고 계십니다.

> 자기 아들을 아끼지 아니하시고 우리 모든 사람을 위하여 내어주신 이가 어찌 그 아들과 함께 모든 것을 우리에게 은사로 주지 아니하시겠느뇨 _롬 8:32

자기 아들의 피를 흘리게 해서 그 피 값으로 우리를 사신 하나님께서 우리에게 못 주실 게 뭐가 있겠습니까? 하나님의 그 사랑이 얼마나 깊은 것이겠습니까? 결국 그 사랑 때문에 지금 우리가 존재하는 것이 아닙니까?

아버지의 놀라운 사랑을 당신의 머리가 아닌 가슴으로 느낄 때, 당신은 비로소 당신이 왜 이 땅에 살아야 하는지, 당신이 어떻게 살아야 하는지 깨닫게 됩니다. 당신 안에서 하나님의 사랑이 솟구쳐 올라올 때, 눈물 없이 살 수 없게 될 것입니다. 또한 자신이 진정으로 죄 사함 받은 존재임을 깨달을 때 그 놀라운 은혜와 자유함 때문에 웃음이 절로 나올 수밖에 없을 것입니다.

우리에게 아버지가 계시기 때문입니다. 아버지의 그 크신 사랑을 이 세상 무엇과도 비교할 수 없기 때문입니다. 내 안에 샘솟는 압도적인 그 사랑이 우리가 넉넉히 이기고 살아갈 수 있는 원동력이 됩니다. 사랑이 본질이신 우리 하나님께 영광을 올려드립시다.

곧 내가 저희 안에, 아버지께서 내 안에 계셔 저희로 온전함을 이루어 하나가 되게 하려 함은 아버지께서 나를 보내신 것과 또 나를 사랑하심 같이 저희도 사랑하신 것을 세상으로 알게 하려 함이로소이다 _요 17:23

이 말씀은 하나님께서 예수님을 사랑하시는 것과 한 치도 틀림없이 똑같이, 하나님께서 우리를 사랑하신다는 것입니다. 그것이 구속, 곧 죄를 사하시는 하나님의 사랑입니다. 우리가 단지 우리 자신의 죄를 사함 받은 것에 그친 것이 아니라 예수의 생명이 내 안에 들어와, 하나님께서 예수를 바라보시는 눈과 동일한 눈으로 지금 우리를 바라보십니다. 예수를 아끼는 것과 똑같이 우리를 아끼십니다. 예수님에게 주신 것을 우리에게 똑같이 주십니다. 이 것이 성경이 말씀하는 진리입니다.

자녀이면 또한 후사 곧 하나님의 후사요 그리스도와 함께 한 후사니…(for everything God gives to his Son, Christ, is ours, too -NLT) _롬 8:17

죄 사함 받은 믿음을 확증해보라

그 보혈의 피 값이 뭔지 깨달았다면 이제 죄 사함의 믿음을 확

고히 해야 합니다. 자신이 죄를 용서 받았는지 아닌지 아직도 헷갈리고 죄책감이 일어난다는 분들의 의문을 몇 가지 유형으로 나누어 점검해보도록 하겠습니다.

첫 번째, 죄를 지은 나 자신을 용서할 수 없다?

흔히 내가 어떻게 그런 죄를 지을 수 있는지 이해할 수 없고 스스로 자신의 죄를 용서할 수 없다고 하는 사람이 있습니다. 그런데 이 말은 곧 자기가 주인이라는 뜻입니다. 그러니까 예수님의 피 값을 전혀 인정하지 않는 것입니다.

다시 말해서, 내가 죄를 지었고 내 죄에 대한 값은 내가 지불할 터인데, 죄의 삯은 사망이니 자기 죄에 대한 형벌, 곧 그 피 값을 자기가 갚겠다는 말이 됩니다. 그 말은 곧 죽음을 의미하는 것이고, 결국 그 죽음이 두려워서 근심하고 염려하고 걱정한다는 것입니다. '예수님을 믿으면서도 내가 이런 죄를 짓다니', 겉으로는 자신을 용서할 수 없다고 하는데, 이것이야말로 자기의(自己義)를 내세움으로써 하나님을 힘써 불순종하는 것입니다(롬 10:2,3). 그는 아주 교만하거나 예수님의 피가 뭔지 도무지 모르는 사람입니다.

> 우리가 그리스도 안에서 그의 은혜의 풍성함을 따라 그의 피로 말미암아 구속 곧 죄 사함을 받았으니 _엡 1:7

죄를 사하는 것은 당신의 피가 아닙니다. 그분의 피입니다. 당신의 고행(苦行)도 당신의 헌신 때문에도 아닙니다. 예수의 피로 우리는 구속 곧 죄를 용서 받았습니다. 애당초 당신의 피는 흘릴 생각도 하지 마십시오. 영원한 사망뿐입니다. 당신의 죄를 용서 받기 위해서는 당신의 피가 필요한 것이 아니라 예수님의 피가 필요하다는 것을 확실히 믿으시기 바랍니다.

두 번째, 예수님이 죄지은 나를 용서하지 않으신다?

정말 부끄럽게도 이런 죄를 지었으니까 예수님이 나를 결코 용서하시지 않을 거라고 생각하십니까? 하지만 다시 생각해보십시오. 예수님은 당신을 용서하지 않는 것이 아니라 당신을 자신의 피 값으로 아예 사버리셨습니다. '구속'(Redemption)이란 값을 주고 샀다는 의미입니다. 쉽게 말해서, 자기를 팔아서 우리를 사버리셨다는 것입니다.

> 새 노래를 노래하여 가로되 책을 가지시고 그 인봉을 떼기에 합당하시도다 일찍 죽임을 당하사 각 족속과 방언과 백성과 나라 가운데서 사람들을 '피로 사서' 하나님께 드리시고 저희로 우리 하나님 앞에서 나라와 제사장을 삼으셨으니 저희가 땅에서 왕노릇하리로다 하더라 _계 5:9,10

얼마나 놀랍습니까? 우리는 죄 사함을 받은 정도가 아닙니다. 하나님께서 자기 아들의 피 값으로 우리를 사버리셨습니다. 그것도 비싼 값을 지불해서 말입니다. 그 예수님이 우리를 용서하지 않으신다니 그런 말이 어디 있습니까? 형제가 죄를 범하면 몇 번이나 용서해야 하느냐는 질문에 "일흔 번씩 일곱 번이라도 용서하라"고 말씀하신 당사자가 우리를 용서하지 않으신다는 믿음은 도대체 어디서 생겨난 것입니까?

우리가 진정으로 예수 그리스도의 피의 능력이 무엇인지 안다면 그렇게 말할 수는 없을 것입니다. 그 피의 뿌림을 받았을 때는, 단지 우리의 죄가 사함을 받은 정도가 아니라는 데 주목하십시오. 죄의 사함을 받았을 뿐만 아니라 하나님으로부터 나서 하나님의 자녀가 되게 하셨고, 예수 그리스도 안에서 새로운 피조물이 되게 하셨습니다. 그래서 "너희는 너희 것이 아니니 값을 치르고 사셨다"라고 하는 것입니다(고전 6:19,20).

그런데 얼마나 교만한 사람이면, 이번에 내가 지은 죄는 예수님도 용서하지 못하신다고 말할 수 있습니까? 누누이 말하지만 당신 죄를 용서하고 안 하고가 아니라 아예 당신을 사버리셨습니다! 따라서 당신은 당신 것이 아닙니다. 당신은 이제 더 이상 세상 신(神)의 노예가 아니며 하나님의 노예입니다. 하나님은 그런 우리를 당신의 자녀라고 부르십니다.

> 이 예수를 하나님이 그의 피로 인하여 믿음으로 말미암는
> 화목 제물로 세우셨으니 이는 하나님께서 길이 참으시는
> 중에 전에 지은 죄를 간과하심으로 자기의 의로우심을 나
> 타내려 하심이니 곧 이 때에 자기의 의로우심을 나타내사
> 자기도 의로우시며 또한 예수 믿는 자를 의롭다 하려 하심
> 이니라 _롬 3:25,26

하나님께서 길이 참으시는 중에 전에 지은 죄를 간과하신다는 것은, 그 죄를 처벌하지 않으신다는 것입니다. 그분은 우리가 예수 그리스도의 피로 그분 앞에 나와 회개했을 때, 우리의 모든 죄를 주(主)의 등 뒤로 던지시고 깊은 바다에 던지시는 분입니다.

> 주께서 나의 영혼을 사랑하사 멸망의 구덩이에서 건지셨고
> 나의 모든 죄는 주의 등 뒤에 던지셨나이다 _사 38:17

> 다시 우리를 긍휼히 여기셔서 우리의 죄악을 발로 밟으시
> 고 우리의 모든 죄를 깊은 바다에 던지시리이다 _미 7:19

세 번째, 죄 사함 받았다고 믿고 싶은데 안 된다?
그것도 명확하게 설명할 수 있습니다. 당신이 주인이 되어서,

당신의 의지로, 당신의 생각으로, 당신의 감정으로 죄책감과 죄의식과 정죄감을 없애려고 하기 때문입니다. 다른 말로 성령의 인(印) 치심이 없기 때문입니다. 성령세례를 받으십시오.

당신이 그렇게 회개하고, 눈물로 기도했는데도 죄책감과 죄의식이 사라지지 않는다면, 그 이유는 당신 안에 오신 성령이 그 부분을 확증해주지 않기 때문입니다. 머리의 생각으로만, '난 죄 사함 받았어, 내게 죄책감이 없어졌어'라고 백날 기도하고 스스로 누르고 그렇게 믿어봐야 다른 편에서 의심만 차오를 것입니다.

아직도 회개하고 기도했지만 계속해서 죄책감이 든다, 죄 사함을 받지 못한 것처럼 찜찜하다면 그것은 그 사람이 예수의 피가 아닌 율법에 의한 동물의 피로 제사를 드리기 때문입니다. 그 제사는 해마다 죄를 생각나게 할 뿐입니다. 기도할 때마다 회개할 때마다 날로 죄의식이 살아나고 더 죄책감이 들 뿐입니다. 왜냐하면 그 피로는 죄를 사할 수 없기 때문입니다.

그렇다면 당신이 정말 예수님의 피로 구속(救贖)을 받았는지 생각해보십시오. 아직도 동물의 피로 제사를 드리는 구약 속에 살아가고 있지 않은지, 그 구약을 폐하시고 새 언약, 새 피의 언약으로 오신 예수 그리스도를 정말 믿고 있는지 돌아보십시오.

오직 예수의 피로 인한 믿음으로 하나님과 화목하게 되었습니까? 아니면 여전히 율법을 지키고 고행하고 헌신하고 봉사하여 당신이 지은 죄의 값을 스스로 치러야 비로소 죄의식과 죄책감이 사라진다고 생각하십니까? 예수의 피로 말미암아 그리스도의 영이 그 안에 들어온 사람이라면 성령님으로부터 인 치심을 받습니다.

"너는 죄 사함을 받았다! 예수의 피로 구속함을 받았다! 네 죄가 사하여졌다!"

내가 아닌 하나님의 영이 내 안에 들어와 이 말씀을 해주실 때, 그때 내가 자유함을 얻습니다. 그때 나의 죄가 사라집니다. 그때 내가 누구인지 알게 됩니다.

> 저가 한 제물로 거룩하게 된 자들을 영원히 온전케 하셨느니라 _히 10:14

예수님은 한 번의 제사로 우리를 영원히 완전하게 거룩하게 하셨습니다. 성령님도 이것을 우리에게 증거하십니다. 또 성령님은 그 후에 우리와 세울 언약도 보증하십니다. 그것은 우리의 마음에 주님의 법을 두고 우리의 생각에 그것을 기록하신다는 것입니다.

> 또한 성령이 우리에게 증거하시되 주께서 가라사대 그날 후로는 저희와 세울 언약이 이것이라 하시고 내 법을 저희 마음에 두고 저희 생각에 기록하리라 하신 후에 또 저희 죄와

저희 불법을 내가 다시 기억지 아니하리라 하셨으니 이것을
사하셨은즉 다시 죄를 위하여 제사드릴 것이 없느니라

_히 10:15-18

내 안에 계신 성령님께서 내 마음에 '너의 죄와 불법을 내가 다시는 기억하지 않을 것이다'라는 감동의 인(印) 치심이 임할 때 완전한 자유함을 얻는 것입니다. 우리가 그 예수의 피를 믿고 기도했을 때, 내 안에 계신 성령님이 증거해주실 때, 사탄이 아무리 속이고 참소해도, 우리는 담대하게 "나는 예수 그리스도의 피로 깨끗함을 받았습니다. 누가 뭐래도 나는 예수님이 자신의 피로 값 주고 산 자입니다"라고 대답할 수 있게 됩니다. 할렐루야!

주의 보혈 능력 있도다!

예수님의 피를, 예수님의 목숨을 무엇과 비교할 수 있겠습니까? 예수의 피를 뿌릴 때, 그 피에 무릎 꿇지 않는 자가 누가 있겠습니까? 우주의 모든 피조물들이 예수의 피에 무릎 꿇을 것입니다. 그 피에 능력이 있습니다. 그 피를 믿은 믿음만큼 우리는 이 땅에서 승리할 수 있습니다.

그 피는 이미 세상을 이긴 피입니다. 그러나 그 피의 능력은 우리의 믿음만큼입니다. 예수 그리스도의 피를 믿으십시오. 우리

는 예수님이 피 값으로 사셨기 때문에 우리의 것이 아닙니다. 그리스도의 몸이 되었습니다. 이제 우리를 하나님의 나라와 제사장으로 삼으셨습니다. 그의 나라와 제사장은 더 이상 자기 욕심대로, 자기만 잘 먹고 잘 살기 위해 살지 않습니다. 하나님의 뜻을 이 땅에 이루는 삶을 삽니다.

예수님의 피에 대한 믿음을 굳게 하십시오. 예수님의 피 뿌림에 대한 진리의 말씀과 성령님의 인(印) 치심을 받으십시오. 날마다 그 믿음으로 당신과 당신의 자녀에게, 당신의 아내에게, 당신의 남편에게, 당신의 가정에, 당신의 직장에 예수의 피를 뿌리는 자가 되십시오. 그 피에 능력이 있습니다.

어떤 죄를 지었든지 예수 보혈이 죄를 사하는 능력의 피임을 믿으십시오. 영생을 주는 생명의 피임을 믿으십시오. 예수의 피로 죄 사함을 받을 뿐만 아니라 그 피로 하나님께 팔렸고 하나님의 자녀가 되었음을 기억하십시오. 피 값으로 나타난 아버지의 압도적인 사랑을 체험하시기 바랍니다.

오직 의인은 믿음으로 말미암아 살리라!
THE RIGHTEOUS WILL LIVE BY FAITH
우리의 죄를 사하는 피는 예수의 피밖에 없습니다.
믿음으로 예수의 피를 뿌림으로써 날마다 예수의 생명을 덧입으십시오.

05 | Faith with Miracle

생명이신 예수 그리스도의 말씀에
당신 전부를 걸어라

선포된 말씀만 붙잡아도…

집회 인도자로 초청된다는 것은 참 감사한 일입니다. 게다가 그 집회에 하나님께서 능력으로 임하실 것을 약속해주셨다면 나나 그 집회 참석자 모두에게 더할 나위 없이 감사하고 복 된 일일 것입니다.

그런 일이 얼마 전 대구 연합 집회에서 있었습니다. 대구제일교회에서 집회를 준비하는 가운데 하나님께서 갑자기 내게, 오늘은 치유기도를 드리기 전, 주님의 말씀이 선포되는 가운데 많은 사람들이 치유될 것이라는 마음을 주셨습니다. 나는 그 말씀에 믿음으로 "아멘" 하고 집회에 임했습니다.

그날 집회에는 정말 많은 사람들이 와서 예배당을 가득 메웠습니다. 그곳에 성령님의 임재가 강력하게 임했습니다. 내가 믿음에 관한 성경 본문을 중심으로 말씀을 선포할 때, 하나님께서는 계속 내게 지식의 말씀을 주셨습니다. 나는 설교하다가 성령님이 주시는 마음대로 "하나님께서 허리에 통증이 있으신 분을 지금 만지십니다!"라고 선포했고, 그 순간 치유 받은 사람들이 자리에서 일어나 하나님을 찬양했습니다.

내가 설교하다가 환부(患部)에 대한 지식의 말씀을 선포하고, 나은 사람이 일어나서 하나님께 감사하며 울고, 나도 감격해서 하나님을 찬양하고 다시 말씀을 전하면서 몇 시간이 어떻게 지나갔는지도 모르게 흘러갔습니다. 그날 설교 시간 중에 치유된 사람이 정말 많았습니다. 나는 살아 있는 하나님의 말씀이 선포되고 그것을 믿음으로 받을 때, 또 다른 어떤 것이 아니라 선포된 말씀만을 붙잡을 때 하나님께서 치유하시고 역사하신다는 것을 분명히 보았습니다.

치유는 당신의 믿음에 달린 문제다!

신약성경의 마가복음 9장에는 매우 흥미로운 사건이 펼쳐지고 있습니다. 예수님이 변화산에서 내려오시자 모여 있던 사람들이 모두 놀라며 달려왔습니다. 예수님은 제자들이 어떤 한 사람과 변론하고 있던 것을 보시고 그 이유를 물으셨습니다. 그때 무리 중 한 사람이 자신의 벙어리 귀신 들린 아들을 데려와 제자들에게 고쳐달라고 했으나 그들이 능히 고치지 못했다고 말했습니다. 그러자 예수님은 그들의 믿음 없음을 탄식하시며 귀신 들린 아이를 데려오라 하시고 그 아비에게 언제부터 이렇게 되었는지 물으셨습니다. 이때 귀신 들린 아이의 아버지가 하는 말이 가관입니다.

> 가로되 어릴 때부터니이다 귀신이 저를 죽이려고 불과 물에 자주 던졌나이다 그러나 '무엇을 하실 수 있거든' 우리를 불쌍히 여기사 도와주옵소서 _막 9:21,22

이때 "무엇을 하실 수 있거든"이란 말에 주목해보십시오. 그의 요청인즉, "나는 당신에 대해 잘 모른다. 당신이 귀신들린 자를 고칠 수 있다고 들었다. 그러니 당신에게 어떤 능력이라도 있다면 불쌍히 여겨 고쳐달라"는 것입니다.

그 믿음 가지고는 아무리 예수님이 원해도 치유하실 수 없습니다. 예수님은 당신 앞에 믿음으로 나오는 모든 사람을 치유하셨습니다. 그러나 예수님도 치유할 수 없는 사람들이 있습니다. 믿음으로 나오지 않는 자입니다. 예수님도 믿지 않는 고향에서는 기적을 행하실 수 없었습니다.

> 거기서는 아무 권능도 행하실 수 없어 다만 소수의 병인에
> 게 안수하여 고치실 뿐이었고 저희의 믿지 않음을 이상히
> 여기셨더라 이에 모든 촌에 두루 다니시며 가르치시더라

_막 6:5,6

    우리는 예수님이 치유자이심을 믿어야 합니다. 예수님께서 그 일을 능히 하실 수 있음을 믿어야 합니다. 귀신 들린 아들을 둔 아버지의 요청에 예수님은 오히려 그 아버지에게 질문을 던지셨습니다.

    "What do you mean, 'If I can'?"

    - "네가 지금 내가 할 수 있느냐고 묻는 것이냐?"

    "Anything is possible, if a person believes."

    - "어떤 사람이든지 믿기만 하면 뭐든지 가능하다."

    결국에 예수님은 그 아버지에게 이렇게 말씀하신 셈입니다.

    "너는 내게 그런 능력이 있느냐고 물었다만 이것은 내 문제가 아니라 네 문제다!"

    예수님은 치유가 그 사람의 믿음에 달렸음을 강력히 말씀하십니다. 예수님이 할 수 있느냐 없느냐의 문제가 아니라는 것입니다. 예수님은 하나님의 아들이시고, 본질상 하나님이십니다. 그분은 말씀이 육신이 되어 이 땅에 오셨고 모든 만물을 말씀으로 지

으셨고 지금도 말씀으로 붙들고 계신 분입니다(히 1:3). 그분은 마귀의 일을 멸하셨고(요일 3:8) 우리를 대신해서 모든 저주를 받으셨고(갈 3:13) 십자가에 못 박혀 죽으시고 부활하심으로써 하늘과 땅과 땅 아래 있는 자들로 모든 무릎을 예수의 이름에 꿇게 하셨습니다(빌 2:9,10).

예수님께서는 이미 모든 것을 다 준비해두셨습니다. 그분은 우리의 영혼의 죄만 사해주시는 분이 아니라 우리의 육신의 질병도 치유해주시는 분입니다(마 9:1-6). 그분은 지금도 우리에게 말씀하고 계십니다.

"내가 할 수 있는지 없는지 묻지 마라. 이것은 내 문제가 아니라 너희의 문제다. 믿음이 없고 패역한 세대여, 너희는 내가 능히 그 일을 할 줄을 믿느냐? 내 권세를 인정하느냐? 내가 얼마나 너희와 함께 있으며 언제까지 너희를 참고 기다려야 하느냐?"

자신의 영광 가운데 지금 말씀하시는 하나님

하나님의 영광은 그분의 생명이며 이 땅의 관점으로 본다면 모든 것을 이룰 수 있는 권능에 해당합니다. 하나님의 역사는 언제나 그분의 영광의 임재 가운데 이루어집니다. 또 그분의 입에서 나온 말씀에 따라서 이루어집니다. 즉, 지금 우리가 보는 이 세상의 모든 것은 우리 눈에 나타나는 것으로 만들어진 것이 아니라 그분의 영광의 임재 가운데 그분의 말씀으로 이루어졌습니다. 단순하게 무(無)에서 유(有)를 창조하였다기보다 보이지 않는 그분의 말씀으로 모든 피조물이 창조되었다는 것입니다.

> 믿음으로 모든 세계가 하나님의 말씀으로 지어진 줄을 우리가 아나니 보이는 것은 나타난 것으로 말미암아 된 것이 아니니라 _히 11:3

따라서 하나님의 영광은 하나님 자신이시며, 그분의 임재야말로 모든 것을 이룰 수 있는 근원이 되는 것입니다. 하나님의 영광이 모든 형질의 근원이자 원천이라면 말씀은 형질, 방향, 뜻을 나타냅니다. 세상이 지금도 존재하는 것은 창세 이후로 지금까지 바로 그 말씀이 여전히 존재하며, 모든 피조세계에 전달되기 때문입니다. 하나님의 말씀은 살아서 하나님의 영광을 통해 모든 피조세계에 전달됩니다. 즉, 모든 피조물에는 하나님의 말씀이 담겨 있는 것입니다.

모든 피조물 가운데 녹아 있는 그 말씀에 따라서 모든 피조물이 존재하고 제 역할을 행하며 하나님의 뜻을 이루고 있는 것입니다. 모든 피조세계와 피조물은 본래 하나님의 뜻을 이루기 위해 하나님의 말씀으로 지어졌으며, 지금도 그 형질(혹은 존재) 안에 하나님을 찬양하고 경배하며, 하나님의 뜻을 이루고자 하는 말씀이 전해지고 있습니다.

> 온 땅이 주께 경배하고 주를 찬양하며 주의 이름을 찬양하리이다 할지어다(셀라)_시 66:4

그러나 지금의 피조세계는 하나님이 처음 창조하신 세계와 동일하지는 않습니다. 왜냐하면 세상 신(神)에 의한 인간의 타락으로 말미암아 피조세계는 저주 가운데 놓이게 되었고, 그 결과로 변질되고 왜곡되고 파괴되어 본래 하나님의 뜻을 제대로 나타내지 못하기 때문입니다(롬 8:21,22).

인간 역시 마찬가지입니다. 하나님은 말씀으로 우리를 빚으시고, 우리의 존재 안에 하나님의 뜻을 심어주셨습니다. 우리 안에 절대자를 경배하고자 하는 마음이 있는 것은 우리가 하나님의 말씀으로 지어졌고, 지금도 하나님이 자신의 말씀으로 우리를 붙들고 계시기 때문입니다.

우리는 한 번의 창조로 떨어져 나간 독립적인 존재가 아니라 창조주와 끊임없이 관계를 맺는 존재입니다. 죄로 인해 무디어졌고 잘 알지 못하지만, 그분의 말씀에 의해서 우리는 주(主)께로 돌아가기를 원합니다. 즉, 주의 뜻대로 살기를 원하는 것입니다.

하나님의 말씀은 우리의 영(靈)을 통해서 들어오고 우리도 우리의 영을 통해서 반응합니다. 그러나 우리가 죄를 짓게 되어 우리의 영은 사탄의 영의 지배를 받게 되었고, 우리가 하나님의 뜻대로 살고, 하나님의 뜻을 행하고자 하는 마음이 사탄의 지배로 말미암아 제 기능을 하지 못할 뿐만 아니라, 그분의 말씀을 제대로 듣고 반응할 수도 없게 되어버린 것입니다.

따라서 우리가 하나님의 뜻을 알고 하나님의 뜻대로 살기 위해서는 예수 그리스도를 통해서 죄 사함을 받아야 하며, 예수 그리스도를 통해서 하나님 앞으로 나아가야 합니다. 그로써 우리는 하나님의 영광 가운데 거할 수 있으며, 그분의 말씀을 들을 뿐만 아니라 그분의 뜻대로 살 수 있게 되는 것입니다.

마음으로 믿는 믿음

문제는 우리의 믿음입니다. 그러면 마음으로 믿는 믿음은 어떻게 해야 생깁니까? 도대체 우리가 어떤 믿음으로 주(主)의 말씀을 들어야 약속하신 말씀이 실체로 변화될까요?

첫째, 우리는 "사람이 마음으로 믿어 의(義)에 이르고 입으로 시인하여 구원에 이르느니라"(롬 10:10)라는 말씀에 나오는 '구원'이 우리 영혼의 죄 사함뿐만 아니라 우리 육신의 치유까지도 포함한다는 것을 깨달아야 합니다.

성경 말씀에 구원을 얻는다는 말은 "우리를 온전케 한다", "우리를 구원한다", "우리를 치유한다"는 뜻을 다 품고 있습니다. 사복음서에 보면 예수님께서 "네 믿음이 너를 구원하였느니라"라고 말씀하실 때, 그 구원의 정황을 보면 "치유하였느니라"라는 말이 더 정확합니다.

예수 그리스도의 대속(代贖)은 이중적입니다. 예수님은 우리 영혼의 죄를 사하시기 위해 십자가에 못 박혔을 뿐만 아니라 우리 육신의 질병을 치유하시기 위해 채찍에 맞으셨습니다(사 53:5 ; 벧전 2:24). 그분은 그분이 다시 재림하실 때까지 우리의 영과 육이 흠 없이 온전히 보전되기를 원하십니다(살전 5:23).

둘째, 주의 말씀을 말씀대로 선포할 때 치유가 일어난다는 믿음을 가지십시오.

흔히 우리는 마음으로 믿을 때는 주의 말씀을 믿지만 입으로 시인하는 것은 자신의 감각이나 그 징후를 고백하는 경우가 매우 흔합니다. 그러나 이때에도 입으로 고백하는 것은 자신의 육신의 징후나 감각 혹은 느낌이 아니라 주의 말씀을 말씀대로 고백해야 합니다. 그때 치유가 일어납니다.

예를 들어서 당신이 "예수께서 채찍에 맞음으로 내가 나음을 입었습니다"라고 마음으로 믿었고 예수의 이름으로 기도했습니다. 기도하고 난 다음에 아무 일도 일어나지 않으니까 '그러면 그렇지! 내 기도에 무슨 능력이 있겠어?'라고 생각하십니까? 그런 태도가 바로 당신의 징후와 상황을 고백한 것입니다. 그러나 우리는 우리가 마음으로 믿은 그것을 고백해야 합니다.

> 사람이 마음으로 믿어 의에 이르고 입으로 시인하여 구원에 이르느니라 _롬 10:10

세 소경의 믿음

마음으로 믿는 믿음은 궁극적으로 그리스도의 말씀으로부터 나옵니다.

> 그러므로 믿음은 들음에서 나며 들음은 그리스도의 말씀으로 말미암았느니라 _롬 10:17

도대체 그리스도의 말씀을 듣는다는 것은 무엇을 의미하는 것일까요? 이에 대한 정확한 답이 성경에 나타난 세 소경의 이야기라고 생각합니다.

첫 번째 소경 이야기

사도행전 9장에는 다메섹 도상에서 예수님을 만나 위대한 사도 바울이 된 사울의 이야기가 나옵니다. 그는 공문까지 받아서 예수 따르는 도(道)를 믿는 사람들을 닥치는 대로 잡아오려고 가고 있는 중이었습니다.

> 사울이 행하여 다메섹에 가까이 가더니 홀연히 하늘로서 빛이 저를 둘러 비추는지라 땅에 엎드러져 들으매 소리 있어 가라사대 사울아 사울아 네가 어찌하여 나를 핍박하느냐 하시거늘 대답하되 주여 뉘시오니이까 가라사대 나는 네가 핍박하는 예수라 _행 9:3-5

그런데 갑자기 하늘에서 환한 빛이 그를 둘러 비추고 소리가 들려왔습니다. 그렇게 사울이 예수님을 만난 뒤 눈을 떴으나 그는 이미 눈이 보이지 않는 상태가 되어버렸습니다.

> 사울이 땅에서 일어나 눈은 떴으나 아무것도 보지 못하고 사람의 손에 끌려 다메섹으로 들어가서 _행 9:8

그는 소경이 되었고 다른 사람의 손에 이끌려서 다메섹으로 들어갔습니다. 예수님은 아나니아를 사울에게 보내어 그에게 안수하고 기도하라고 말씀하셨습니다.

> 아나니아가 떠나 그 집에 들어가서 그에게 안수하여 가로 되 형제 사울아 주 곧 네가 오는 길에서 나타나시던 예수께서 나를 보내어 너로 다시 보게 하시고 성령으로 충만하게 하신다 하니 즉시 사울의 눈에서 비늘 같은 것이 벗어져 다시 보게 된지라 일어나 세례를 받고 _행 9:17,18

이제 사울은 음식을 먹고 강건해졌고 다메섹에 있는 제자들과 함께 며칠 있다가 즉시 예수가 하나님의 아들이심을 전파했습니다. 그 후 그가 로마서를 쓰면서 10장 17절, "믿음은 들음에서 나며 들음은 그리스도의 말씀으로 말미암았느니라"라는 말씀을 기록할 때, 그는 다메섹 도상에서 예수님의 음성을 들은 자신을 떠올렸을 것입니다.

그리스도의 말씀을 들어야 믿음이 생긴다!

그러면 우리는 어떤 말씀을 듣고 있습니까? 우리는 그리스도의 말씀을 듣고 있습니까? 그분의 말씀을 어떻게 듣고 있습니까? 우리는 우리의 머리로, 우리의 이성으로, 우리의 경험으로 그분의 말씀을 읽고 듣고 있습니다. 그러나 사도 바울이 이 말씀을 기록할 때에는 우리처럼 그리스도의 말씀을 들은 것이 아닙니다. 홀연히 하나님의 영광의 빛이 임했을 때, 그가 땅에 쓰러졌고 눈이 멀어 아무것도 보이지 않을 때 말씀이 들려왔습니다.

"사울아, 사울아, 네가 어째서 나를 핍박하느냐?"

"누구십니까?"

"나는 네가 핍박하는 예수다."

그가 만난 '그리스도의 말씀'은 단순히 문자로 기록되어 있는 그 말씀이 아니라 그 말씀의 실체이신 예수 그리스도이시고 그분께서 친히 바울에게 말씀하신 것입니다. 그는 그것을 들었습니다. 예수님의 기록된 말씀을 자신의 머리로 이해하고 분석한 것이 아니라 말씀의 주인이신 예수님이 친히 나타나셔서 말씀하시는 그 말씀을 들었다는 사실입니다.

그런데 우리는 어떻게 그리스도의 말씀을 듣습니까? 그리스도의 말씀을 단지 성경에 기록된 문자의 말씀으로만 듣고 있습니까? 아니면 강단에서 말씀을 전하는 자의 입술로부터 선포되는 말씀을 그냥 듣습니까? 예수님께서 우리에게 친히 말씀하시고 가르쳐주신 말씀, 그 말씀이 기록되어 있지만, 그 말씀을 오늘 우리에게 전해주시는 분은 바로 성령님이십니다. 성령님은 진리의 영이십니다.

> 보혜사 곧 아버지께서 내 이름으로 보내실 성령 그가 너희에게 모든 것을 가르치시고 내가 너희에게 말한 모든 것을 생각나게 하시리라 _요 14:26

다메섹 도상에서 홀연히 놀라운 빛으로 바울을 둘러싼 하나님의 영광이 우리와 함께한다는 사실을 믿는다면 선포되는 말씀 또한 사람의 말이 아닌 하나님의 말씀임을 믿어야 합니다. 기록된 주님의 말씀이 우리에게 주시는 주님의 말씀임을 받아들일 때, 믿음이 생기는 것입니다(살전 2:13). 그 믿음이 생기자 믿는 자를 잡아 가두기 위해 돌아다녔던 사울이 즉시로 "예수는 살아 계신 하나님의 아들"이라고 전하는 '바울'이 된 것처럼, 당신에게도 당신의 의지나 당신의 지성이나 경험이 아니라 당신을 초월해 계신 분이 당신 안으로 들어와 당신에게 말씀하실 때, 진정한 변화가 생긴다는 것입니다. 이 믿음을 달라고 예수님께 기도하십시오.

사도 바울이 "그러므로 믿음은 들음에서 나며 들음은 그리스도의 말씀으로 말미암았느니라"라고 쓴 말씀은 우리가 생각하는 기록된 그리스도의 말씀이 아닙니다. 살아 계신 예수 그리스도로부터 전해진 말씀입니다. 예수님은 지금 하나님 우편에 계시고 그분이 우리에게 기록된 말씀도 주셨습니다. 그러나 바로 지금 기록된 말씀을 풀어주시는 성령 안에서, 당신이 그 성령의 영광의 임재 안에 있음을 믿음으로 받아들이면 사도 바울이 받은 말씀과 동일한 말씀을 당신도 받게 되는 것입니다.

그리스도의 말씀을 듣는다는 것은 우리가 알고 있는 상식이나 이성을 작동시켜서 듣는 말씀이 아닙니다. 성령의 임재 안에서 당신의 이성을 뚫고 들어온, 살아 계신 그리스도께서 말씀하는 것을 듣는 것입니다. 그럴 때 비로소 진리가 무엇인지 알게 되고 그 믿음을 통해 믿는 자에게 표적이 따르게 됩니다.

두 번째 소경 이야기

날 때부터 소경된 자가 있었습니다. 제자들이 예수님께 이 사람이 소경으로 난 것이 누구 죄 때문인지 묻자 예수님은, 이 사람은 자신의 죄 때문도 아니고 부모의 죄 때문도 아니고 죄악으로 가득 찬 이 세상의 영향으로 소경으로 태어났다고 하셨고, 이 일을 통해서 하나님께 영광을 돌릴 수 있다고 말씀하셨습니다.

> 이 말씀을 하시고 땅에 침을 뱉어 진흙을 이겨 그의 눈에 바르시고 이르시되 실로암 못에 가서 씻으라 하시니 (실로암은 번역하면 보냄을 받았다는 뜻이라) 이에 가서 씻고 밝은 눈으로 왔더라 _요 9:6,7

그러자 사람들이 그에게 어떻게 눈이 떠졌는지 물었고 소경이었던 사람은 예수라 하는 사람이 자신에게 어떻게 했는지 대답했습니다. 바리새인들 앞에 가서도 예수가 진흙을 이겨 내 눈에 바르고 씻으라 하기에 씻었더니 보게 되었다고 고백했습니다(요 9:11).

이후 그가 눈을 뜬 일로 쟁론이 되자 그의 부모조차 그를 변호해주지 않았습니다. 그가 창세 이후로 소경으로 난 사람이 눈을 뜨는 일은 하나님으로부터 온 자가 아니면 할 수 없는 일이라고 말하자 사람들은 그를 내쫓았습니다.

예수가 생명줄이다

그가 사람들로부터 쫓겨났다는 말에 예수님이 그를 찾아가 만나시고 이렇게 물으셨습니다.

"네가 인자(人子)를 믿느냐?"

이 말은 곧 "너는 내가 하나님으로부터 왔음을 믿느냐?"라고 물으신 셈입니다. 그러자 눈을 뜬 소경이 대답했습니다.

"주여 그가 누구시오니이까 내가 믿고자 하나이다."

그러자 다시 예수께서 말씀하셨습니다.

"네가 이미 그를 보았으니 지금 너와 말하는 내가 그이다."

그리고 예수님은 눈뜬 소경에게 다음과 같이 참진리에 대해서 말씀하셨습니다.

예수께서 가라사대 내가 심판하러 이 세상에 왔으니 보지 못하는 자들은 보게 하고 보는 자들은 소경되게 하려 함이라 하시니 바리새인 중에 예수와 함께 있던 자들이 이 말씀을 듣고 가로되 우리도 소경인가 예수께서 가라사대 너희가 소경 되었더면 죄가 없으려니와 본다고 하니 너희 죄가 그저 있느니라 _요 9:39-41

　날 때부터 소경이던 자는 육적(肉的) 소경이었습니다. 예수님은 자신이 심판하러 이 세상에 오셨기 때문에 육적으로 소경인 자들은 영적으로 보게 하고 육적으로 볼 수 있다는 자들을 도리어 영적으로 소경이 되게 하신다고 말씀하셨습니다.
　날 때부터 소경이던 사람은 아무것도 보지 못하고 평생을 살았습니다. 그는 이 세상이 어떻게 생겼는지, 사람들이 어떤 색깔의 옷들을 입고 있는지, 거리가 어떻게 생겼는지 보지 못했습니다. 그는 세상을 보아서 아는 것이 아니라 들어서 알 뿐입니다.
　그는 이 세상을 말로 그려보고 말을 통해 생각하고 느끼고 말에 따라 행동해왔습니다. 예를 들면, 그는 누군가 그에게 "조심해. 앞으로 세 걸음 더 걸으면 계단이 나와!"라고 할 때, 그 말대로 자기 앞에 놓인 계단을 그려보고 느끼고 그에 따라 행동했다는 것입니다. 그런 그에게 예수님이 진흙을 이겨 그의 눈에 바른 다음 실로암 연못에 가서 씻으라고 말씀하셨을 때, 비록 아직까지 아무것도 볼 수 없었지만, 그에게는 그 말씀이 생명줄이 되었습니다. 그는 그 믿음으로 씻어서 눈을 떴습니다.

결국, 그는 예수님의 말씀을 자신의 생각과 의지로 받아들인 것이 아니라, 말씀에 자신의 생각과 의지를 일치시킨 것입니다.

눈뜬장님?

우리는 눈을 비롯해서 오감(五感)으로 모든 것을 받아들입니다. 그런데도 하나님의 아들 예수 그리스도께서 하시는 말씀을 마음의 믿음으로는 받지 못하고 있습니다. 그래서 예수님은 우리에게 이렇게 말씀하십니다.

> 가라사대 너희가 소경 되었더면 죄가 없으려니와 본다고
> 하니 너희 죄가 그저 있느니라 _요 9:41

예수님의 말씀을 그 말씀 그대로, 들린 대로 듣는다면 너희에게 믿음이 있고, 그 믿음으로 하나님의 자녀의 삶을 살 수 있을 텐데, 본다고 하니 너희 죄가 남아 그대로 있다는 뜻입니다. 이때 '본다'는 것은 예수님의 말씀을 우리 눈에 보이는 대로, 우리 생각대로, 느끼는 대로 받아들이는 것을 말하기 때문입니다.

오늘날 너무나 많은 사람들이 나타난 현상에 기초해서 이 세상을 살아가고 있습니다. 그러나 날 때부터 소경된 사람은 나타난 것으로 사는 것이 아니라 오직 주의 말씀을 들었고, 예수 그리스

도가 하나님으로부터 온 자인 것을 마음으로 믿게 된 것입니다.

날 때부터 보지 못한 육적인 소경은 자신이 만난 예수 그리스도를 믿음으로써 육신의 눈뿐만 아니라 영적인 눈까지 뜨는 놀라운 체험을 했습니다. 그런데 우리는 어떻게 살고 있습니까? 우리에게는 그 소경이 가지고 있지 않던 성경까지 있어서, 2천 년 전 그 소경의 전후 스토리는 물론 예수님이 하신 모든 말씀을 익히 들어서 알고 있습니다. 그런데도 소경과 같은 믿음을 갖고 있지 못하다는 말입니다.

그 소경은 "믿음은 들음에서 나며 들음은 그리스도의 말씀으로 말미암았느니라"라는 로마서의 말씀대로 그리스도의 말씀을 들었습니다. "나더러 실로암에 가서 씻으라 하기에 가서 씻었더니 보게 되었노라"(요 9:11)라고 고백한 소경은 그렇게 그리스도의 말씀을 들었습니다. 그렇게 들을 때 마음으로 믿게 되었고 그 믿음이 기적을 일으켰습니다.

간절한 마음으로 육신이 치유받기를 사모하는 분들에게 예수님은 오늘도 이렇게 말씀하십니다.

> 이사야의 예언이 저희에게 이루었으니 일렀으되 너희가 듣기는 들어도 깨닫지 못할 것이요 보기는 보아도 알지 못하리라 이 백성들의 마음이 완악하여져서 그 귀는 듣기에 둔하고

> 눈은 감았으니 이는 눈으로 보고 귀로 듣고 마음으로 깨달아
> 돌이켜 내게 고침을 받을까 두려워함이라 하였느니라
> _마 13:14,15

삶의 변화 없이 오직 예수님께 육신만 치유받기 원하는 마음으로 예수님 앞에 나오는 것은 아닙니까? 다시 말해서, 당신의 관심이 오직 당신의 질병, 당신의 문제, 당신의 소망에만 있는 것은 아닙니까? 그러나 분명한 것은 그 소망을 이루기 위해서는 예수님께서 말씀하시는 것을 듣고 마음으로 깨달아 돌이켜야만 합니다.

날 때부터 소경이던 사람에게 들려온 것은 오직 예수 그리스도의 말씀밖에 없었습니다. 그는 오직 예수 그리스도께 들은 말씀만으로 실체를 그려보았습니다. 그러나 우리는 우리 눈에 보이고, 우리 귀에 들리고, 우리 마음에 생각되는 실체, 그것을 진리라 여기고 하나님의 말씀은 단지 곁다리로 듣고 있습니다. 그런 믿음으로 우리가 어떻게 하나님이 약속하신 말씀이 실체가 되는 것을 목도할 수 있겠습니까?

세 번째 소경 이야기

세 번째는 마가복음 10장에 나오는 소경 거지 바디매오의 이야기입니다. 여기에는 특별히 예수님의 마음을 알 수 있는 놀라운

말씀이 있습니다.

> 저희가 여리고에 이르렀더니 예수께서 제자들과 허다한 무리와 함께 여리고에서 나가실 때에 디매오의 아들인 소경 거지 바디매오가 길가에 앉았다가 나사렛 예수시란 말을 듣고 소리 질러 가로되 다윗의 자손 예수여 나를 불쌍히 여기소서 하거늘 많은 사람이 꾸짖어 잠잠하라 하되 그가 더욱 심히 소리 질러 가로되 다윗의 자손이여 나를 불쌍히 여기소서 하는지라 예수께서 머물러 서서 저를 부르라 하시니 저희가 그 소경을 부르며 이르되 안심하고 일어나라 너를 부르신다 하매 소경이 겉옷을 내어버리고 뛰어 일어나 예수께 나아오거늘 예수께서 일러 가라사대 네게 무엇을 하여주기를 원하느냐 소경이 가로되 선생님이여 보기를 원하나이다 예수께서 이르시되 가라 네 믿음이 너를 구원하였느니라 하시니 저가 곧 보게 되어 예수를 길에서 좇으니라 _막 10:46-52

바디매오는 소경 거지로 그 역시 아무것도 보이지 않았습니다. 길가에 앉아 구걸하던 그에게 예수 그리스도가 지나가신다는 소리가 들렸습니다. 그는 아무것도 보이지 않았지만 오직 그리스도의 말씀만 찾았습니다.

"다윗의 자손 예수여, 나를 불쌍히 여기소서!"

그는 다른 데 관심을 두지 않았습니다. 너무 크게 부르짖어서 주위 사람들이 핀잔을 주어도 그럴수록 그는 더욱 큰소리로 외쳤습니다.

"다윗의 자손 예수여, 나를 불쌍히 여기소서. 예수여, 나를 불쌍히 여기소서!"

바디매오는 예수를 볼 수 없기에 오직 그의 말씀을 듣기 원했습니다. 다른 사람들이 뭐라고 해도 그는 죽기 살기로 오직 예수님만을 찾기 원했습니다. 그러자 예수님이 마침내 걸음을 멈추시고 그를 부르셨습니다.

우리가 어떻게 해야 하나님의 영광 안으로 들어갑니까? 첫 번째로 우리는 하나님의 영광이 있는 곳으로 가야 합니다. 어느 곳에 하나님의 영광의 임재가 있는지 그곳을 찾아가는 것이 중요합니다. 두 번째는 하나님의 영광이 내게 찾아오시도록(visitation) 간절히 기도하고 나아가는 것입니다. 바디매오처럼 떼를 쓰는 것입니다.

예수님이 자신을 부르신다는 제자들의 말을 들은 바디매오는 자신이 가진 유일한 재산인 겉옷을 벗어 던지고 벌떡 일어나 예수님께 갔습니다. 그는 자신의 신분에 대한 부끄러움도, 자신의 소유에 대한 애착도, 사람들의 조롱도 다 초월한 믿음의 행동을 보였습니다.

우리의 소망에 관심이 있으신 예수님

예수님이 지금 당신에게 "네게 무엇을 하여주기를 원하느냐?"라고 물으신다면 당신은 뭐라고 답하겠습니까? 여기서 우리는 예수님의 마음을 알 수 있고 치유함을 받는 또 다른 비결을 발견할 수 있습니다.

예수님은 우리의 문제에 관심이 있는 것이 아니라 우리의 소망에 관심이 있으십니다. 예수님은 우리에게 "내가 너에게 무얼 해즈기를 원하느냐?"라고 적극적으로 물으십니다. 흔히 우리는 여기도 아프고 저기도 아프고 이렇게 했는데 저렇게 됐다고 장황하고 구구절절하게 문제를 늘어놓습니다. 그러나 우리가 예수님 앞에 섰다면 문제는 내려놓고 구체적으로 소망을 아뢰는 일이 급선무입니다.

예수님이 우리의 문제에 관심이 없다는 말은 이미 다 아신다는 것을 전제하고 있습니다. 예수님은 우리를 창조하신 분입니다. 더우이 우리의 상황이 어떻든지 간에 우리의 소망을 이루어주기를 원하십니다. 바디매오의 마음은 눈을 떠서 보기 원하는 소망으로 가득 차 있었습니다. 그랬기 때문에 예수님께서 무엇 해주기를 원하는지 물으시자마자 보기 원한다고 대답한 것입니다.

당신의 기도 패턴을 생각해보십시오. 지금 당신이 하나님의 영광 안에서 예수님을 바라보고 있다면, 그때 당신은 예수님께 무엇을 말씀드리겠습니까? 당신이 말하지 않아도 그분은 당신 병의 경과와 그간의 고통과 문제를 이미 다 알고 계십니다. 그런 분이 원하시는 것이 무엇이겠습니까? 내 간에 염증이 있고, 암이 몇 군데 있고, 어디로 전이되었고, 이런 말이 아니라 한마디로 족할 것입니다.

"예수님, 제게는 당신의 말씀으로 이루어질 새로운 _____ 이 필요합니다."

무거운 짐을 지고 십자가 앞에 나아가 무릎을 꿇고 그 짐을 내려놓은 다음, 이것은 저렇고 저것은 저렇고, 주저리주저리 기도하고 나서 주섬주섬 다시 그 짐을 주워 담아 도로 지고 간다면 예수님에게 그 일이 얼마나 기가 막힐 노릇이겠습니까? 예수님은 우리에게 자신이 무엇 해주기를 원하는지 소망을 묻고 계십니다. 그리고 그 소망을 이루어주고 싶어 하십니다.

우리가 다 소경이 되어

"보기를 원합니다."

바디매오가 대답하자 예수님께서 그의 믿음을 보시고 말씀하셨습니다.

"네 믿음이 너를 구원하였느니라!"

우리는 예수 그리스도의 말씀을 어떻게 듣습니까? 선택할 수 있는 수많은 말 중 하나로 듣습니까? 아니면 소경 거지 바디매오처럼 예수 그리스도의 말씀 외에는 아무것도 듣지 않겠다는 간절함으로 예수 그리스도의 말씀을 듣습니까?

"믿음은 들음에서 나며 들음은 그리스도의 말씀으로 말미암았느니라!"

바디매오는 예수 그리스도의 말씀을 그렇게 들었습니다. 그는 오직 예수 그리스도의 말씀에만 초점을 맞추었고 예수님만이 자신이 소원하는 것을 들어줄 수 있다고 믿었습니다.

한마디로 당신의 소망은 무엇입니까? 여러 말 할 것이 아니라 예수님이 지금 당신에게 "내가 네게 무엇 해주기를 원하느냐?"라고 물으신다면 당신은 뭐라고 대답하시겠습니까?

믿음이야말로 기적을 낳습니다. 세 소경 모두 믿음은 들음에서 나며 들음은 그리스도의 말씀에서 비롯된다는 말씀이 무엇인지 잘 보여줍니다. 우리 가운데 눈은 뜨고 있지만 영적 소경이 얼마나 많습니까?

당신은 어떻게 그리스도의 말씀을 듣고 있습니까? 바울처럼 우리의 이성을 꿰뚫고 성령을 통해 우리에게 말씀하시는 예수 그리스도의 말씀을 듣고 있습니까? 눈에 보이고 나타난 것으로 보는 것이 아니라 마치 날 때부터 소경이던 사람처럼 오직 예수 그리스도의 말씀으로 이 세상을 보고 있습니까? 바디매오처럼 다른 데

귀 기울이지 않고 오직 예수 그리스도의 말씀에만 초점을 맞추고 내 전부를 걸어서 그분의 말씀을 듣고 있습니까? 그리고 그분이 말씀하실 때, 숨 돌릴 틈도 없이 당신이 무엇을 원하는지 말할 수 있습니까?

그런 의미에서 우리가 다 소경이 되기 바랍니다. 우리가 다 소경이 되었다고 가정해보십시오. 아무것도 보지 못한다고 상상해보십시오. 이제 혼자서는 한 발짝도 움직일 수 없습니다. 누군가 당신에게 길을 가르쳐주어야 합니다. 그의 올바른 인도가 없으면 당신은 앞으로 걸어 나갈 수 없습니다. 당신은 그가 시키는 대로 하지 않을 수 없습니다. 그가 한 마디 한 마디 할 때마다 그 사람의 말이 곧 생명줄이 되는 것입니다.

예수님은 성령님을 통해서 지금도 우리에게 말씀하고 계십니다. 귀를 기울이십시오. 오직 예수님의 말씀만이 당신이 가질 수 있는 전부라고 믿으십시오. 오직 예수님의 말씀만으로 보이지 않는 실체를 바라보고 느끼고 행동해보십시오. 오직 말씀의 실체이신 예수 그리스도만을 바라보십시오. 그 믿음이 당신을 치유합니다. 당신의 몸과 마음을 치유하시며 거룩한 하늘의 기름부으심으로 함께하실 것입니다.

오직 믿음!

믿음이 없이는 기쁘시게 못하나니 하나님께 나아가는 자는 반드시 그가 계신 것과 또한 그가 자기를 찾는 자들에게 상 주시는 이심을 믿어야 할지니라 _히 11:6

오직 믿음으로 구하고 조금도 의심하지 말라 의심하는 자는 마치 바람에 밀려 요동하는 바다 물결 같으니 이런 사람은 무엇이든지 주께 얻기를 생각하지 말라 _약 1:6,7

당신이 지금 은혜 받기를 원한다면 당신에게 필요한 것은 오직 주(主)의 말씀뿐이어야 합니다. 당신이 가진 것이 오직 말씀뿐이라는 사실을 깨닫지 못한다면 말씀이 당신에게 필요한 모든 것을 준다는 사실을 결코 체험할 수 없을 것입니다.

주의 말씀은 내 발에 등이요 내 길에 빛이니이다 _시 119:105

저가 그 말씀을 보내어 저희를 고치사 위경에서 건지시는도다 _시 107:20

이제 이 말씀의 뜻을 깨닫습니까? 당신은 소경입니다. 그렇기 때문에 주의 말씀이 발에 등이요 길의 빛인 것입니다. 예수님은 성령님을 통해서 지금 당신에게 말씀하고 계십니다. 그분의 질문에 답해보십시오.

"내가 너의 죄를 사한 것을 믿느냐? 나로 인해 네가 하나님의 자녀가 되었음을 믿느냐? 내가 너를 위하여 채찍에 맞음으로써 내가 오늘 너를 치유한 것을 믿느냐? 내가 너를 택정하였으며 기름 부어 하나님의 대사(大使)로 만든 것을 믿느냐?"

사도 바울의 믿음을 가지십시오. 날 때부터 소경인 자의 믿음을 가지십시오. 소경 거지 바디매오의 믿음을 가지십시오. 믿음의 눈으로 예수 그리스도를 바라보십시오. 예수 그리스도의 말씀을 들으십시오. 그 말씀에 순종하십시오. 주의 말씀을 믿음으로 받아들일 때 약속된 주의 말씀이 실체로 변화됩니다.

오직 의인은 믿음으로 말미암아 살리라!
THE RIGHTEOUS WILL LIVE BY FAITH
살아 계신 예수님이 친히 말씀해주실 때 우리에게 믿음이 생깁니다.
우리가 다 소경이 되어 생명줄인 예수님의 말씀만 붙들고 이 세상을 봅시다.

PART
03

성령님에 의하여
말씀이 믿어지는 믿음

말씀이 있으되 그 말씀을 증거해주시는 성령님의 임재함 없이는 아무것도 행할 수 없습니다. 우리에게 진리의 말씀이 있더라도 말씀의 증거자이신 성령님, 하나님의 영광, 여호와의 신이 함께 하지 않는다면, 그 말씀이 일점일획도 틀림없는 진리라 해도 이 땅에 아무런 능력도 행할 수 없습니다.

FAITH WITH MIRACLE

06 | Faith with Miracle

말씀이 말씀대로 자신에게 이루어지는
믿음을 경험하라

병 고치는 사역에 대한 열린 마음

나는 많은 교회에서 가르치고 전파하는 사역뿐만 아니라 병 고치는 사역이 일어나는 꿈을 꿉니다.

> 예수께서 온 갈릴리에 두루 다니사 저희 회당에서 가르치시며 천국 복음을 전파하시며 백성 중에 모든 병과 모든 약한 것을 고치시니 _마 4:23

나는 이 말씀대로 한국 교회에서도 예수님이 하셨던 것처럼 가르치고 전파하고 병 고치는 일들이 동일하게 일어나기를, 특별히 치유사역에 목회자들의 마음이 열리기를 기도해왔습니다. 그런데 최근에 하나님께서 그 꿈을 이루어주시는 일이 있었습니다.

지난 6월 25일과 26일, 경남 창원에서 말씀과 치유 연합집회가 열렸습니다. 창원 실내체육관에서 오후 7시에 이틀간 연인원 2만 명이 모여 은혜를 나눴습니다. 낮에는 두 차례에 걸쳐서 별도로 목회자 세미나가 진행되었습니다. 목회자 세미나에는 경남 지역에서 사역하시는 500여 명의 목사님과 사모님들이 초교파적으로 참석해서 함께 은혜를 나누었습니다.

모든 목사님은 하나님께서 기름부어 세우신 분들로, 하나님이 베푸신 은사들이 있습니다. 그런데 내가 지켜본 바로는, 각자의 신학적 입장과 기조와 경험 등 여러 이유 때문에, 목사님들 스스로 은사와 권능에 대해 마음문을 닫거나 왜곡되어 있다는 생각이 들었습니다. 그러니까 마음을 새롭게 하여 믿음으로 행하지 못했을 뿐이라는 것입니다. 내가 현장에서 만난 많은 목사님들에게도 치유사역에 대한 사모함이 있었습니다. 목회 현장에서야말로 악한 영에 사로잡혀 있거나 질병으로 고통스러워하는 사람들을 실제로 도울 수 있어야 하기 때문입니다.

나는 세미나에 참석하신 목사님들께, 믿음을 통해 역사하시는 말씀이 말씀대로 이루어질 것을 믿도록 치유사역과 기름부으심에 대해 함께 은혜의 말씀을 나누고 묶인 것을 푸는 기도를 했습니다. 물론 그때까지 확신하지 못하는 분들도 있었습니다.

그런데 놀라운 것은 세미나 마지막 시간에 참석한 목사님들끼리 서로 기도하는 가운데 놀라운 하나님의 임재와 기름부으심 그리고 치유가 일어나 당사자들이 먼저 놀랐고, 26일 전체 집회가 끝난 후, 흩어져 있던 목사님들이 그 자리에 오신 성도님들을 위해 안수하고 기도하자 그들이 치유되는 역사가 일어났다는 것입니다.

나는 이 일을 통해서 목사님들이 각자 교회로 돌아가 하나님의 말씀을 전하는 가운데, 또 병 낫기를 기도하는 가운데 강력한 성령님의 역사가 일어나기를 소원합니다. 그 분들이 성령의 권능으로 귀한 사역을 더욱 힘 있게 감당하시기를 소원합니다. 예수님처럼 가르치고 전파하고 모든 병과 모든 약한 것을 고치는 사역을 하시기를 기대합니다.

나는 앞으로 한국 교회의 많은 목회자들이 예수 그리스도의 몸 된 교회와 그 지체를 굳게 세워나가기 위해 치유사역에 대해 열린 마음을 품고 동역해나가기를 간절히 소망합니다.

생명의 관계인가?

우리가 알고 있는 예수님, 2천 년 전에 이 땅에 오신 예수님은 어떤 분입니까? 당신은 진정으로 그분과의 생명의 나눔에 기초한 하나님의 법, 하나님의 말씀을 알고 있습니까? 아니면 오직 율법적으로만 그분과 교제하고 있습니까?

> 너희는 그리스도의 몸이요 지체의 각 부분이라 _고전 12:27

예수 그리스도는 교회의 머리가 되시고 우리는 그리스도의 몸이요 지체의 각 부분이라고 했습니다. 우리가 정말 예수님을 생명으로 만난다면, 우리는 하나님 우편에 계신 그 예수 그리스도께서 이 땅에 자신의 뜻을 이루기 위해서, 자신을 나타내기 위한 몸으로 우리를 사용하신다는 사실을 알아야 합니다. 그것이 바로 우리가 '그리스도의 몸'이라는 의미입니다.

하나님께서 예수 그리스도를 이 땅에 보내셨을 때, 그분은 하나님의 아들이셨지만 이 땅에서 공생애 사역을 하시는 동안, 자신을 가리켜 스스로 '인자'(人子)라고 부르셨습니다. 왜냐하면 하나님께서 육신을 지닌 인자만이 이 땅에 하나님의 뜻을 이룰 수 있는 권세를 주셨기 때문입니다.

> 아버지께서 자기 속에 생명이 있음 같이 아들에게도 생명을 주어 그 속에 있게 하셨고 또 인자됨을 인하여 심판하는 권세를 주셨느니라 _요 5:26,27

왜 우리는 선교사를 파송합니까? 왜 우리가 땅 끝까지 가서 천국 복음을 전해야 합니까? 왜 우리가 해야 합니까? 하나님이 살아 계신다면 그분이 한마디 말씀으로 이 세상을 바꾸실 수 있는데 왜 그분은 기다리고 계십니까? 왜 우리에게 가라고 말씀하십니까? 그것은 예수님이 인자(人子)로서 이 땅을 다스리신 것처럼, 바로 하나님의 자녀인 우리에게만 이 땅을 다스릴 수 있는 권세를 주셨기 때문입니다.

> 하나님이 그들에게 복을 주시며 그들에게 이르시되 생육하고 번성하여 땅에 충만하라, 땅을 정복하라, 바다의 고기와 공중의 새와 땅에 움직이는 모든 생물을 다스리라 하시니라
> _창 1:28

십자가에 못 박히시고 하늘에 오르시어 하나님 보좌 우편에 계신 예수 그리스도께서 이 땅에 통치권을 행사하기 위해 당신과 나의 몸을 가지셨다는 것을 기억하기 바랍니다. 우리는 지금 예수 그리스도를 대표(대변)하여 이 땅에 살고 있는 것입니다.

많은 사람들이 하나님을 믿는다고는 하지만 그분과의 생명적인 관계, 그 하나님과 교제하는 것이 무엇인지는 잘 모릅니다. 어느 장소 어느 시간에 있든지 간에 하나님 우편에 계신 예수 그리

스도께서는 우리를 통해 이 땅에 자신의 뜻을 이루시며, 우리는 교회의 머리 되신 예수 그리스도를 통해 하나님과 관계를 맺고 있습니다. 그렇습니다. 우리는 단순히 자존자(自存者)로서의 삶을 살아가는 것이 아닙니다.

말씀을 증거해주시는 성령님

지금 이 시간에도 하나님은 살아 계시고 우리에게 말씀하십니다. 우리가 이 땅에서 그리스도를 대표하여 살고 있는 것처럼(롬 8:29) 그리스도께서는 하나님 우편에서 우리를 대표하여 하나님 앞에 서 계십니다(롬 8:34). 하나님은 말씀을 통해 이 땅에 자신의 뜻을 이루십니다.

> 하나님의 신(神)은 수면에 운행하시니라 하나님이 가라사대 빛이 있으라 하시매 빛이 있었고 _창 1:2,3

말씀이 있으되 그 말씀을 증거해주시는 성령님의 임재함 없이는 아무것도 행할 수 없습니다. 우리에게 진리의 말씀이 있더라도 말씀의 증거자이신 성령님, 하나님의 영광, 여호와의 신이 함께하지 않는다면, 그 말씀이 일점일획도 틀림없는 진리라 해도 이 땅에 아무런 능력도 행할 수 없습니다.

예수님도 공생애를 시작하기 전까지는 어떠한 기사와 표적도 행하지 않으셨습니다. 그가 세례 요한에게서 세례를 받고 물 위로 올라오실 때, 하늘이 열리고 하나님의 성령이 비둘기같이 내려 임하였을 뿐만 아니라 하늘로부터 소리가 들려왔습니다. 예수님은 성령의 충만함을 입은 다음(눅 4:1) 성령의 권능으로 각 마을을 다니시며 천국 복음을 전파하셨습니다(눅 4:14).

성령님은 말씀의 증거자이십니다. 그 성령님이 우리에게 임하실 때, 비로소 그 말씀이 사건이 되고 실체가 됩니다. 하나님의 말씀은 세상의 말과는 다릅니다. 세상의 말이 정보나 지식의 전달 수단이라면 하나님의 말씀은 실체(substance)이자 사건입니다. 왜냐하면 성령님이 우리와 함께하실 때, 그 말씀이 '살아 역사하는 말씀'이 되기 때문입니다.

예수님의 탄생 사건

예수님의 탄생 역시 말씀이 사건이자 실체가 된 경우입니다. 예수님께서 이 땅에 인자(人子)로 나타나신 것은 말씀을 통해서 이 땅에 육신(肉身)으로 임하신 것입니다. 예수 그리스도께서 육신으로 이 땅에 오신 것은 말씀이 곧 예수 그리스도가 되셨다는 것입니다.

그러므로 주께서 친히 징조로 너희에게 주실 것이라 보라

> 처녀가 잉태하여 아들을 낳을 것이요 그 이름을 임마누엘
> 이라 하리라 _사 7:14

> 주 여호와께서는 자기의 비밀을 그 종 선지자들에게 보이
> 지 아니하시고는 결코 행하심이 없으시리라 _암 3:7

그렇습니다. 이 땅의 모든 일들은 하나님의 사자(使者), 하나님의 선지자를 통해 먼저 선포되며 그 선포된 말씀대로 이루어집니다. 예수님도 선포된 말씀에 따라서 이 땅에 육신을 가지고 태어났고 그분의 모든 일생이 곧 이미 예언으로 기록된 말씀을 이 땅에 이루는 것이었습니다. 하나님의 자녀인 우리도 하나님이 예수 그리스도를 통해 주신 말씀이 이 세상에 이루어지도록 하는 데 쓰임받기 위해 지금 살아가고 있습니다. 우리는 하나님의 뜻을 이 세상에 이루는 자입니다.

> 천사 가브리엘이 하나님의 보내심을 받들어 갈릴리 나사렛
> 이란 동네에 가서 다윗의 자손 요셉이라 하는 사람과 정혼
> 한 처녀에게 이르니 그 처녀의 이름은 마리아라 … 천사가
> 일러 가로되 마리아여 무서워 말라 네가 하나님께 은혜를
> 얻었느니라 보라 네가 수태하여 아들을 낳으리니 그 이름

> 을 예수라 하라 저가 큰 자가 되고 지극히 높으신 이의 아들이라 일컬을 것이요 주 하나님께서 그 조상 다윗의 위(位)를 저에게 주시리니 영원히 야곱의 집에 왕노릇 하실 것이며 그 나라가 무궁하리라 _눅 1:26,27,30-33

가브리엘 천사가 마리아에게 나타나 수태하여 아들을 낳으리라고 말했습니다. 이 말은 이미 선지자를 통해 선포된 말씀으로 때가 되자 가브리엘 천사가 그 말씀을 마리아에게 전한 것입니다.

> 마리아가 천사에게 말하되 나는 사내를 알지 못하니 어찌 이 일이 있으리이까 _눅 1:34

그렇습니다. 인간적으로 생각하면 한마디로 불가능한 일입니다. 어떻게 처녀가 아기를 낳을 수 있습니까? 이것은 불가능합니다. 그렇지만 우리도 사정은 다르지 않습니다. 자신의 문제를 스스로 해결할 수 있다면 우리가 왜 기도하겠습니까?

> 천사가 대답하여 가로되 성령이 네게 임하시고 지극히 높으신 이의 능력이 너를 덮으시리니 이러므로 나실바 거룩한 자는 하나님의 아들이라 일컬으리라 _눅 1:35

그러나 천사가 대답한 것처럼 우리에게도 성령이 임하시고 지극히 높으신 이의 능력이 우리를 덮을 때, 오순절의 역사처럼 하나님의 영광이 우리에게 임하여 계실 때, 하나님이 역사하십니다. 그때 하나님의 말씀은 실체이며 그 말씀은 사건이 됩니다.

말씀대로 내게 이루어지이다!

보라 네가 수태하여 아들을 낳으리니 그 이름을 예수라 하라
_눅 1:31

지금 이 책을 읽고 있는 독자가 이 말씀을 읽으면 단순히 성경에 기록된 말씀일 뿐이지만, 주(主)의 사자(使者)가 말씀을 선포하는 그때로 돌아갔다고 가정해보십시오. 35절 말씀처럼 말씀의 증거자이신 성령이 임하시고 지극히 높으신 분의 능력이 지금 당신에게 임했다고 생각해보십시오. 그리고 당신이 마리아가 되었다고 생각해보십시오. 가브리엘 천사가 이렇게 말합니다.

대저 하나님의 모든 말씀은 능치 못하심이 없느니라
_눅 1:37

그러자 마리아가 말했습니다.

마리아가 가로되 주의 계집종이오니 말씀대로 내게 이루어 지이다 하매 천사가 떠나가니라 _눅 1:38

이것이 바로 진정한 믿음입니다.
"말씀대로 내게 이루어지이다."
그러면 하나님의 말씀이 어떻게 '내게' 이루어집니까?
첫째, 그 말씀 자체로 이루어지는 것이 아니라 말씀의 증거자이신 성령님이 우리에게 임하시고 지극히 높으신 하나님의 능력이 우리에게 임할 때, 그 말씀이 실체가 된다는 것입니다.
둘째, 말씀이 주어졌더라도 그것을 받아들이는 자의 믿음으로 그의 안에 그 말씀이 착상되고 잉태된다는 사실입니다. 그러니까 마리아에게 임한 것은 하나님의 말씀입니다. 이 말씀은 생명의 씨앗입니다. 마리아는 그 씨앗을 자신의 마음판에 심었습니다. 마리아가 그 말씀을 믿음으로 취하자 그 말씀이 실체로 변화되기 시작했습니다. 따라서 말씀이 실체가 되고 사건이 되는 것은 우리에게도 가능합니다. 그 말씀의 증거자이신 성령님의 지극히 높으신 능력이 우리를 덮고 있을 때, 우리가 그 말씀을 마음에 심으면 말씀이 실체로 변화되기 때문입니다.

기적을 누리는 특권

그 일이 있고 나서 마리아는 곧바로 친족 엘리사벳을 찾아갔습니다. 나이가 많았지만 이미 임신한 지 여섯 달이나 된 엘리사벳도 성령의 충만함을 입어 큰 소리로 외쳤습니다.

여자 중에 네가 복이 있으며 네 태중의 아이도 복이 있도다
… 믿은 여자에게 복이 있도다 주께서 그에게 하신 말씀이
반드시 이루리라 _눅 1:42,45

마리아 역시 자신 안에 무엇이 있는지 전혀 볼 수 없고 확인할 수 없고 합리적인 생각으로는 도저히 믿을 수 없고 불가능한 그것을 가리켜 이렇게 선포했습니다.

능하신 이가 큰 일을 내게 행하셨으니 그 이름이 거룩하시며
_눅 1:49

"무엇이든지 기도하고 구하는 것은 받은 줄로 믿으라 그리하면 너희에게 그대로 되리라"(막 11:24)라는 말씀처럼 마리아는 자신의 눈에 보이는 것이 아무것도 없는 상태에서 이미 기도하고 구하는 것은 받은 줄로 믿고 선포했습니다. 그때 그 믿음으로 말씀

이 이 땅에 실체로 변화되기 시작했다는 것입니다. 그 결과 말씀이 육신이 되어 이 땅 가운데 거했고 예수 그리스도께서 이 땅에 태어나셨습니다. 이 마리아의 믿음은 기적을 일으키는 믿음의 표상(表象)이라고 할 수 있습니다.

나는 이 사실이 매우 단순한 것 같아도, 대단히 많은 사람들이 이 사실을 간과하고 있다는 것을 알았습니다. 기사와 표적은 특별한 사람에게만 주어진 것이 아니라 하나님나라의 백성, 하나님의 자녀 모두가 누려야 하는 특권입니다. 하나님나라의 온전한 질서입니다. 이 땅의 사람들은 그것을 기사와 표적이라고 말할는지 모르지만, 하나님나라에서 그리고 하나님나라의 백성에게는 질서일 뿐입니다. 하나님께서 이미 우리에게 모든 권세와 능력을 주셨기 때문입니다.

> 대저 하나님의 모든 말씀은 능치 못하심이 없느니라 마리아가 가로되 주의 계집종이오니 말씀대로 내게 이루어지이다 하매 천사가 떠나가니라 _눅 1:37,38

이 믿음을 통해서 역사가 일어났다는 사실에 주목하십시오. "주의 말씀대로 내게 이루어지이다"라는 믿음이 중요합니다.

우리는 말씀에 의지하여 그물을 내리기도 하거니와(눅 5:4,5)

손과 옆구리의 난 예수님의 못 자국에 굳이 손가락을 넣어봐야 믿겠다고(요 20:25) 하기도 합니다. 그러나 하나님의 말씀은 우리의 이성과 지성과 합리적인 사고방식과 과학적인 생각으로는 도저히 이루어질 수 없는 것입니다. 그렇기 때문에 많은 사람들이 믿지 못합니다.

그 말씀이 우리에게 이루어지기 위해서는 말씀의 증거자를 만나야 합니다. 그 말씀의 증거자가 오늘 우리에게 임해야 합니다. 그러나 하나님을 알지 못하는 사람은 말씀의 증거자인 성령이 누구신지 알 수 없습니다.

말씀과 시간의 주인이신 하나님

당신은 하나님의 말씀과 세상의 말을 구분하는 사람입니까, 구분하지 못하는 사람입니까? 하나님의 말씀과 세상의 말은 명백히 다릅니다. 우리는 하나님의 말씀이 실체이며 사건이라는 사실을 먼저 믿어야 합니다. 그런데도 많은 사람들이 여전히 의심하고 또한 도대체 어떻게 해야 하나님의 말씀이 실체인 것을 확증할 수 있을지 고민합니다.

"대저 하나님의 모든 말씀은 능치 못하심이 없느니라"(눅 1:37). 이 말씀은 진리의 말씀입니다. 당신이 이 말씀을 믿고 예수의 이름으로 선포했다면, 선포한 대로 모두 다 이루어지면 얼마나 좋겠습니까만, 아무 일도 일어나지 않는다면 왜 그렇습니까? 진리의 말씀을 믿고 선포했는데 왜 아무 일도 일어나지 않는 것입니까?

이 말씀은 2천 년 전에, 지극히 높으신 하나님의 권능이 임한 순간에, 가브리엘 천사가 마리아에게 한 말씀이자 마리아가 즉각 받아들인 말씀입니다. 2천 년 후 성경을 읽으면서 우리가 이 말씀을 진리의 말씀으로 믿고 아무리 "아멘!" 하고 붙잡더라도 이 말씀이 생명의 말씀으로 능력의 말씀으로 우리에게 적용되지는 않는 것입니다.

시간에는 두 가지가 있습니다. 크로노스(chronos)의 시간과 카이로스(kairos)의 시간입니다. 크로노스란 비가역적(非可逆的, 주위 환경에 따라 이리저리 쉽게 변하지 않는)인 시간, 인간이 현재 살아가는 시간입니다. 한 번 재깍 하면 돌이킬 수 없는 시간입니다. 우리는 시간의 연속선상에서 살아가지만 지나온 시간으로 돌아갈 수 없습니다. 그러나 하나님은 시간과 공간과 물질을 초월하시는 분입니다. 그분은 항상 현재로 우리에게 다가오십니다. 하나님의 시간, 하나님의 때가 바로 카이로스의 시간입니다.

가브리엘 천사가 마리아에게 나타난 것을 하나님의 방문이라고 한다면 하나님의 때, 카이로스의 시간에 하나님의 말씀이 주어졌을 때, 마리아가 그 말씀을 믿고 선포했을 때, 그 말씀이 실체가 되고 그 말씀이 사건이 되었음을 알 수 있습니다. 그러나 하나님의 때를 만나지 못했다면, 그 말씀이 비록 일점일획도 틀림없는 진리의 말씀이라 해도, "아멘"으로 받는다고 해도 그 말씀이 사건이 되고 실체가 되지는 않습니다.

안타깝게도 수많은 그리스도인들이 크로노스의 시간과 문자화된 말씀만 붙들고 신앙생활을 하고 있습니다. 인간의 시간 속에서 단지 문자적으로 해석된 말씀을 진리로 받아들이기 때문에 아무 일도 일어나지 않는 것입니다. 그러나 우리는 카이로스의 시간에 하나님이 주시는 살아 있는 말씀을 받아들여야 합니다. 기사와 이적은 카이로스의 시간에 살아 있는 하나님의 말씀을 받을 때 일어납니다.

기사와 이적의 타이밍

하나님은 태초에 말씀하셨고 말씀으로 천지만물을 지으셨습니다. 그 말씀은 지금도 살아서 우리에게 주어지고 있습니다. 하나님의 메시지는 언제나 현재적으로 주어집니다. 하나님은 시간과 공간과 물질을 초월하신 분으로 언제나 바로 현재의 시간에 우리와 만나십니다.

너희가 성경에서 영생을 얻는 줄 생각하고 성경을 상고하

> 거니와 이 성경이 곧 내게 대하여 증거하는 것이로다 그러나 너희가 영생을 얻기 위하여 내게 오기를 원하지 아니하는도다 _요 5:39,40

예수님도 이렇게 말씀하셨습니다. 우리는 그분을 만나야 합니다. 예수님에게 가지 않으면 아무 일도 일어나지 않습니다. 우리가 오직 한 분, 예수 그리스도께 갈 때, 하나님 우편에 계신 그 예수 그리스도께서 우리를 통해 이 땅에 자신의 뜻을 이루시고, 우리가 예수 그리스도를 통해 하나님 앞에 가는 그 현재의 순간, 하나님의 영광이 임하고 우리에게 계시의 말씀을 주실 때, 말씀이 살아 움직이기 시작합니다. 그분이 계시적으로 주시는 그 말씀을 선포할 때 기사와 이적이 일어납니다. 바로 성령이 임재한 가운데 길이요 진리요 생명이신 예수 그리스도를 통해 우리에게 주시는 말씀에 순종했기 때문입니다.

그렇다면 하나님의 때를 어떻게 만날 수 있습니까? 하나님의 영광이 임할 때가 바로 하나님의 때입니다. 하나님이 임하시고 크신 능력으로 우리를 덮으실 때, 그 시간이 순간적으로 카이로스의 시간으로 변화되는 것입니다. 바로 그때 하늘 문이 열립니다. 하나님의 뜻이 이루어지고 말씀이 실체가 되는 사건이 일어납니다.

우리가 왜 경배와 찬양을 드리고, 우리의 소유를 드립니까?

우리가 왜 금식하고 기도합니까? 하나님의 영광이 임하기를 고대하기 때문입니다. 하나님은 온 우주에 편재(遍在)하시지만 우리가 기도하고 구하고 하나님을 사모하고 기다릴 때, 오순절의 역사와 같이 어떤 시간과 공간으로 우리를 찾아오십니다. 세상을 만든 본질이신 그 하나님의 영광이 우리를 사로잡을 때, 하나님께서 말씀으로 세상을 지으신 것처럼 선포되는 말씀이 사건이 되고 실체가 되는 것입니다.

그때 놀라운 일이 일어납니다. 하늘 문이 열리고 하나님의 영광이 우리에게 임할 뿐만 아니라 우리가 하나님의 보좌 앞으로 나아가는 시간이 된다는 사실입니다. 그때 그 말씀, 우리에게 주어지는 말씀이 바로 하나님이 우리에게 주시는 '살아 움직이는 기적의 말씀'이 되는 것입니다. 그 말씀이 세상을 바꿉니다. 그 말씀이 우리의 인생을 바꿉니다. 그 말씀이 이 땅에 주(主)의 뜻을 이룹니다.

하나님 말씀의 실제적 효용 가치

나는 이 사실을 깨닫고 난 다음 내 지난날을 돌이켜보면서 기막혀서 웃음밖에 나오지 않았습니다.

'어떻게 지금껏 하나님의 영광 없이, 성령님 없이 신앙생활을 할 수 있었을까?'

주석을 보고 수많은 책들을 뒤적여 봐도 그것은 생각의 사치

이고 지적(知的) 유희일 뿐입니다. 살아 계신 하나님이 오늘 이 시간에 내게 이 말씀을 풀어주시지 않는다면, 이 말씀이 내게 무슨 소용이 있겠습니까? 이 말씀이 일점일획도 틀림없는 진리의 말씀이라 할지라도 이 말씀이 사건이 되고 실체가 되지 않는다면, 이 말씀을 내 머릿속에 집어넣어서 어디에 쓰겠습니까? 성경 몇 말씀을 더 안다고 다른 사람보다 얼마쯤 더 잘난 척하는 것 이상 뭐가 더 있겠습니까?

예수 그리스도의 승천이라든지 오병이어(五餠二魚) 기적 같은 성경의 모든 사건들을 보십시오. 예수님이 행하시고 사도들이 행한 모든 일들이 기사와 표적입니다. 그것은 우리의 생각과 지식과 우리의 경험과 이 땅의 합리, 과학적 근거로 따진다면 결코 일어날 수 없는 일들입니다.

그리스도인의 삶은 결코 과학이냐 비과학이냐, 합리냐 비합리냐를 따지는 삶이 아닙니다. 하나님의 나라와 이 세상, 초월된 하나님의 나라와 3차원인 이 땅 사이를 잇는 통로 역할을 하는 존재가 그리스도인입니다.

(하나님) 나라이 임하옵시며 뜻이 하늘에서 이룬 것같이 땅에서도 이루어지이다 _마 6:10

뜻이 하늘에서와 같이 이 땅에서도 이루어지게 하는 존재가 바로 '우리'입니다. 이 일은 크로노스의 시간대에서 문자적으로 화석화된 말씀으로는 결코 이룰 수 없습니다. 하나님의 때, 카이로스의 시간에, 하나님이 말씀을 풀어주시고 계시로서 그 말씀이 나에게 부어질 때, 그 말씀이 땅에 실체로 풀어지는 역사가 일어날 것입니다. 하나님의 백성은 그런 삶을 사는 존재입니다. 그로써 하나님의 아름다운 덕(德)을 선전하는 삶을 살아야 합니다.

하나님을 경험하라!

간절히 하나님의 영광의 임재를 구하십시오. 하나님의 영광이 친히 임할 때, 크로노스의 시간이 물러가고 카이로스의 시간이 다가오며, 들리지 않던 주(主)의 말씀이 임하기 시작할 것입니다.

> 믿음으로 모든 세계가 하나님의 말씀으로 지어진 줄을 우리가 아나니 보이는 것은 나타난 것으로 말미암아 된 것이 아니니라 _히 11:3

그렇습니다. 우리는 믿음으로 모든 세계가 하나님의 말씀으로 지어진 줄을 알거니와 지금도 그분이 천지만물을 말씀으로 붙들고 계시기 때문에 모든 피조세계가 존재한다는 것을 압니다(히

1:3). 그분은 시간과 공간과 물질을 초월하셔서 끊임없이 우리에게 말씀하고 계십니다. 그러나 우리는 이 타락한 세상 가운데 살면서 우리의 오감(五感)을 통해 수많은 정보들을 받아들이고 살기 때문에 우리의 심령으로부터 말씀하시는 하나님의 음성을 듣지 못합니다.

우리는 본래 처음부터 하나님의 뜻대로 이 땅에 주(主)의 뜻을 이루기 위해 말씀으로 지음 받은 자들입니다. 그렇기 때문에 우리가 다시 하나님이 우리를 지으신 그 시간으로, 바로 하나님의 영광이 우리에게 다시 임하는 그 순간에 주(主)의 말씀이 선포될 때, 우리 안에 들어온 모든 죄악들이 사라지기 시작할 것입니다.

하나님의 신(神)이 운행하는 시간, 카이로스를 놓치지 마십시오. 성령님에게 민감해지십시오. 그분과 함께 동행한다는 것이 무엇인지 체험하게 되기를 바랍니다. 그분이 움직이고 그분이 말씀하는 것이 무엇인지 경험하십시오. 당신이 그분을 찾으려고 머리를 쓰면 쓸수록, 세상 지식을 읽으면 읽을수록 아마 당신은 당신 안에 있는 그분을 더 찾을 수 없을 것입니다. 그러나 당신을 포기하면 포기하는 만큼 그분이 당신에게 더 가까이 오십니다. 그리고 그분이 말씀하시고자 하는 것이 무엇인지 가르쳐주십니다. 그분은 진리의 영이십니다.

100퍼센트 순종이 역사를 빚어낸다

> 하늘이 하나님의 영광을 선포하고 궁창이 그 손으로 하신 일을 나타내는도다 날은 날에게 말하고 밤은 밤에게 지식을 전하니 언어가 없고 들리는 소리도 없으나 그 소리가 온 땅에 통하고 그 말씀이 세계 끝까지 이르도다 _시 19:1-4

영원 전부터 영원까지 계시는 하나님께서 말씀하십니다. 태초에 말씀하신 그 말씀이 지금 이 시간에도 끊임없이 우리에게 '현재'로 전해지고 있습니다. 그분은 우리의 영을 통해서 말씀하십니다. 그분의 말씀을 들으십시오. 우리가 우리의 모든 행위와 우리의 모든 생각과 의지를 내려놓는 그 순간이 바로 하나님의 말씀을 만나는 시간입니다.

그분은 오늘도 사랑하는 자신의 아들딸에게 말씀하고 계십니다. 우리가 고통과 상처와 질병 가운데 있을 때에 우리를 찾아오셔서 말씀하기를 원하십니다. 머리끝부터 발끝까지, 하나님의 영광이 임할 때, 카이로스의 시간과 내 마음판에 뜨겁게 말씀이 새겨지는 그 순간, 그 말씀을 "주의 계집종이오니 말씀대로 내게 이루어지이다"라고 믿었기 때문에 치유가 일어난 것입니다.

우리 안에는 하나님의 뜻을 이루기 위한 하나님의 말씀이 심겨져 있습니다. 우리는 이미 죄 사함을 받았습니다. 그런데도 우리가 여전히 죄 가운데 있는 것처럼 그것을 이길 수 없는 것은 왜 그렇습니까? 우리의 육과 혼으로는 그것을 대항할 수 없고 하나님이 주시는 말씀을 듣지도 못하는 것은 왜 그렇습니까? 어떻게 해야 승리할 수 있습니까?

당신에게 질병이 있습니까? 문제가 있습니까? 상황이 좋지 않습니까? 그럴 때 당신과 내가 해야 할 일은 주의 날개 그늘 안으로 들어가는 것입니다. 그분의 임재 안으로 들어가는 것입니다. 그럴 때 그분이 주시는 살아 있는 말씀을 받아 그것을 믿음으로 입술로 선포할 때부터 상황이 변화되기 시작하는 것입니다. 그것이 바로 '왕의 기도'입니다.

하나님의 말씀을 믿는다고 하면서 그 말씀이 어떻게 역사하는지 제대로 깨닫지 못한 잘못을 회개합시다.

오직 의인은 믿음으로 말미암아 살리라!
THE RIGHTEOUS WILL LIVE BY FAITH
하나님의 말씀이 이루어지려면 말씀의 증거자 성령님을 만나야 합니다.
주님의 말씀이 들릴 때 그 말씀대로 자신에게 이루어질 것을 믿으십시오.

07 | Faith with Miracle

머리가 아니라 가슴으로 믿었으면
이제 믿은 대로 행동하라

행함이 있는 믿음

"세상에서 가장 먼 거리는 머리에서 가슴까지이다"라는 말이 있습니다. 이 말을 믿음의 영역에 적용해볼 수 있다고 생각합니다. 머리로 이해되는 믿음이 가슴으로 내려와 깨달아지는 것이 얼마나 어려운가 하는 의미로 말입니다.

예수님이 치유자이심을 모르는 사람은 별로 없습니다. 그러나 대부분 그것을 머리로만 알고 가슴으로는 믿지 못합니다. 머리에서 인정한 말씀이 가슴까지 내려올 때, 그 말씀대로 변화되는 역사가 일어나기 시작합니다.

나는 월요말씀치유 집회에서 세상에서 가장 멀다는 그 거리를 실감하곤 합니다. 나는 "그가 채찍에 맞음으로 우리가 나음을 입었도다"(사 53:5)라는 말씀을 선포합니다. 그리스도인이라면 누구나 그 말씀을 적어도 머리로는 믿을 것입니다. 그러나 그 말씀에 믿음으로 화합해야 실제로 치유가 일어납니다.

그런데 그 말씀을 듣고 "믿습니다", "아멘"이라고 말할 뿐 아무런 행동을 하지 않는 이들이 참으로 많습니다. 예를 들어서, 다리가 아픈 분이 자리에서 일어나 "주께서 채찍에 맞음으로 당신이 지금 치유되었습니다"라는 말씀을 들었다고 합시다. 그는 큰 소리로 "아멘" 하고 잠시 주춤거리다가 다시 제자리에 앉아버립니다. 왜냐하면, "아멘" 하고는 금방 자신의 아픈 다리에 통증이 사라졌는지 확인해보았고, 여전히 통증이 있음을 느꼈기 때문입니다. 만약 그 사람이 정말 나았다면 어떤 행동을 보이겠습니까! 아팠던 다리가 한순간에 나았다면 가만히 있을 사람이 누가 있겠습니까! 뛰어다니면서 하나님을 찬양하지 않겠습니까!

그가 정말 자신이 나은 것을 가슴으로 믿었다면, 실제로 걸음을 걸어보면서 믿음의 행동을 보였을 것입니다. 치유 받은 것을 믿었다면 믿음의 행동을 해야 합니다. 아픈 곳에 아직 통증이 있을지라도 나았다고 믿고 믿음으로 움직일 때, 그때 하나님께서 그 아픈 곳을 치유하실 때가 매우 많습니다. 나는 이런 일을 말씀치유 집회에서 너무나 자주 목격합니다. 그는 말씀을 믿은 것이 아니라 자신의 육체의 느낌을 믿은 것뿐입니다.

　우리가 말씀을 믿는다면, 머리에서 믿는 것으로 끝날 것이 아니라 마음으로도 믿고 그 믿음대로 행동해야 합니다. 행동 없는 믿음은 죽은 믿음이라고 하지 않았습니까! 믿음으로 행동하십시오(고후 5:7).

　　행함이 없는 믿음은 죽은 것이니라 _약 2:26

　　하나님의 친 백성의 믿음
　우리는 다 믿음을 가지고 있다고 생각합니다. 예수 그리스도는 주님이시고 하나님의 아들이심을 믿고, 자신이 죄인임을 알고, 예수께서 자신의 삶을 인도해주신다는 것을 믿는다고 말합니다. 그렇지만 그 믿음이란 천차만별입니다. 그 믿음이 자신의 삶 가운데 아무런 능력을 발휘하지 못하고, 세상을 이기지도 못하고, 성령의 열매를 맺어 자라나지도 못한다면, 우리는 자신의 믿음이 어떤 믿음인지 점검하여 믿음을 새롭게 해야 할 것입니다.

　　믿음이 없이는 기쁘시게 못하나니 하나님께 나아가는 자는
　　반드시 그가 계신 것과 또한 그가 자기를 찾는 자들에게 상
　　주시는 이심을 믿어야 할지니라 _히 11:6

그렇습니다. 믿음이 없이는 하나님을 기쁘시게 할 수 없습니다. 하지만 하나님이 우리에게 베푸시는 그 은혜를 누리기 위해서 우리는 반드시 하나님이 말씀하시는 믿음을 가져야 합니다. 그 믿음으로 마땅히 세상을 이기고, 믿는 자에게 능치 못함이 없음을 날마다 체험해야 합니다(막 9:23). 그러면 하나님의 친(親) 백성의 믿음이란 구체적으로 어떤 믿음입니까?

믿음은 성령님께 사로잡혀야 생깁니다. 성령님의 도움이 없이는 진리의 말씀에 대한 믿음이 생겨날 수 없습니다. 또 믿음은 예수 그리스도를 통해서 나타납니다.

믿음의 주요 또 온전케 하시는 이인 예수를 바라보자
_히 12:2

이 말씀은 예수님이 우리의 믿음을 온전케 하시는 분이라는 뜻입니다. 자신의 의지로 "믿습니다"라고 한들 예수님이 없으면 그 믿음이 온전케 되지 않습니다. 예수님이야말로 우리의 믿음을 온전케 하십니다. 믿음은 우리를 통해서 나타나지만 그 믿음의 근원은 예수 그리스도이십니다. 따라서 예수 그리스도를 의지하지 않는 믿음은 가짜 믿음입니다.

예를 들어보겠습니다. 한 어린아이가 있는데 지나가던 어른이 장난으로 "이놈!" 하고 큰소리를 쳤다면, 아이는 금세 두려워서 울기 시작할 것입니다. 어른이 잘못했다고 어르거나 달래도 아이는 계속 울 것입니다. 그렇지만 자기 아버지가 나타나면 울음을 그치고 웃기 시작합니다. 이 경우 아이에게 어떤 믿음의 변화가 있는 것입니까?

아이가 울음을 그치고 웃은 것은 무엇 때문입니까? 순간적으로 어른이 무섭지 않아진 것일까요? 또 그것이 아이 자신의 믿음입니까? 아니면 자신의 아버지가 왔기 때문에 이제는 더 이상 그 어른이 무섭지 않다고 믿어진 것일까요? 그렇습니다. 믿어진 것입니다. 아이의 믿음으로 따지면 자기보다 훨씬 크고 큰소리를 치고 험상궂은 얼굴로 위협하는 듯한 어른에 대한 두려움을 이겨낼 수 없습니다. 그러나 아이는 아버지가 오자 안도감을 느끼고 더 이상 무섭지 않다고 믿어진 것입니다.

우리는 스스로 감당할 수 있는 영역 안에서만 자신의 믿음을 표출합니다. 하지만 살아가면서 우리 앞에 닥치는 많은 일들은 좀처럼 우리가 감당할 수 없는 것일 경우가 많습니다. 그것을 '내가' '내 믿음으로' 견뎌낼 수 있는 방법은 없습니다. 주님이 내게 오셨고 그분이 내 안에 계시기 때문에 그 일이 두렵지 않다고 믿어지는 것입니다. 내 안에 들어오신 그 그리스도의 영이 누구인지를 알게 될 때, 자기 앞을 가로막는 어떤 큰 산이라도 두렵지 않게 됩니다. 그분 때문에 그분의 말씀이 믿어집니다. 이런 일들은 자기의지로 될 수 없습니다.

주님이 원하시는 것은 우리가 그분 안에서 참된 믿음을 소유하여 어떤 인생의 풍랑 앞에서도 맞서서 이길 수 있는 능력을 갖추는 것입니다. 사람들은 크게 착각하고 있는데, 주님이 그것을 대신 해주시는 것이 아닙니다. 예를 들면 우리는 이렇게 기도합니다.

"주님, 내 삶을 주님께 드립니다. 주님, 내 삶에 문제가 생기지 않도록 지켜주시고 도와주시옵소서."

그러나 이것은 잘못된 믿음의 표현입니다.

"주님, 내 삶을 당신께 드렸습니다. 주님, 당신이 주신 능력으로 나의 모든 문제와 고난을 이기게 하옵소서."

이것이 진정한 믿음의 표현입니다. 예수님은 환난으로부터 피할 피난처가 아니라 환난 중에 피난처가 되십니다.

우리는 이미 하나님의 뜻을 이 땅에 이루는 존재입니다. 내가 믿기 때문에 예수님이 다 해주시고 보호해주시는 것이 아닙니다. 주님이 내 안에 계셔서 내가 하나님의 영광의 통로로서, 이 땅에 그분의 말씀을 실체로 변화시키는 존재라는 것입니다.

주님은 믿음으로 우리가 온전케 되기를 바라십니다. 우리가 하나님의 자녀로서, 하나님이 본래 지으신 목적대로 이 땅에서 온전케 살기 위해 우리에게 믿음이 필요한 것입니다. 내가 믿었으니까 내 삶을 보호해달라거나 무엇을 이루어달라고 하는 것은 잘못되었다는 말입니다.

우리 안에 계신 예수 그리스도께서는 우리가 믿음의 통로가 되어, 우리를 통해 주님의 뜻을 이루기 원하십니다. 하나님은 우리를 통해서 자신의 뜻을 이루시고자 우리가 예수 그리스도로 말미암아 온전케 되기를 원하십니다. 믿음은 예수 그리스도를 통해 나타납니다. 예수 그리스도가 없는 믿음은 가짜 믿음입니다.

말씀을 실체로 변화시키는 믿음

믿음은 하나님의 말씀을 실체(substance)로 변화시킬 수 있는 거푸집입니다. 우리가 쇠붙이나 플라스틱으로 물건을 하나 만든다고 생각해보십시오. 그 물건을 만들려면 물건의 모양대로 거푸집(주형, 鑄型)부터 만들어야 합니다. 그런 다음 플라스틱이나 쇠를 녹여서 액체 상태로 틀에 부으면 그 모양대로 물건이 만들어지는 것입니다. 마찬가지로 예수 그리스도 안에 있는 믿음은, 내 의지의 믿음이 아닌 성령님에 의해서 주(主)의 말씀이 믿어지는 그 믿음이기 때문에 말씀이 실체로 변화되는 거푸집인 셈입니다.

믿음은 바라는 것들의 실상이요 보지 못하는 것들의 증거니

_히 11:1

당신이 큰 병에 걸렸다고 생각해보십시오. 하지만 예수 그리스도의 이름으로 "저가(예수 그리스도께서) 채찍에 맞음으로 너희는 나음을 얻었나니"(벧전 2:24)라는 말씀을 믿고 그 말씀대로 선포할 때, 말씀이신 예수 그리스도께서 그 일을 행하십니다.

질병을 치유하는 것은 하나님의 살아 있는 말씀입니다. 하나님의 말씀은 생명의 씨앗이며 하나님은 자신의 말씀하심을 후회 없이 반드시 이루십니다. 예수님도 "네 믿은 대로 될지어다"(마 8:13)라고 말씀하셨습니다. 그 믿음은 당신의 의식으로 믿는 것이 아닙니다. 하나님의 말씀이 그 말씀의 실체로 이루어지는 거푸집부터 마음 안에 만들어보십시오.

당신이 지금 중병에 걸렸지만 이미 그 병이 치유되었고 지금 당신이 즐겁고 아름답고 기뻐하는 마음의 틀을 만들었다면 하나님께서는 그 틀대로 하나님의 말씀으로 역사하실 것입니다. 그렇지만 당신이 "믿습니다, 믿습니다"라고 말은 하는데, 여전히 눈에 보이는 것에 또는 느껴지는 것에 집착하면서 자신의 병이 치유된 결과를 바라보지 못한다면 어떨까요? 하나님이 이루신 뜻을 바라보지 못하면서 기도만 한다면 어떻습니까? 거푸집이 없는데 어디다 어떻게 부어주실 수 있겠습니까? 믿음이란 바로 하나님의 말씀을 실체로 변화시키는 틀, 주형이라는 이야기입니다.

우리의 거푸집 믿음만큼!

예수님께서 "네 믿은 대로 될지어다"라고 말씀하셨을 때, 예수님 앞으로 나온 그 사람은 자신을 바라보지 않았습니다. 단지 자신이 소망한 거푸집을 그대로 믿고 받아들이고 행동했습니다. 그렇기 때문에 예수님께서 그가 믿은 대로 될 것이라고 말씀하신 것입니다. 물론 예수님이 계신 그 곳에는 이미 하나님의 영광이 임했으며, 그때 예수님이 자신 앞에 나온 사람에게 말씀으로 역사하신 것입니다. 병을 치유하시는 분은 하나님이시지 당신의 노력이나 능력이 아닙니다. 그런데 그 하나님께서 우리의 믿음만큼 일하신다는 것입니다. 하나님은 이 땅에서 하나님 자신의 뜻을 이루고 싶어 하십니다. 하나님은 이 땅에서 하나님 자신의 통치권을 회복하고 싶어 하십니다. 그러나 그것은 하나님의 자녀의 믿음만큼입니다. 놀랍지 않습니까?

"믿음은 바라는 것들의 실상이요 보지 못하는 것들의 증거니"(히 11:1)라고 했습니다. 당신이 기도했다면 그 결과를 바라보아야 합니다. 당신이 무엇이든지 기도하고 구하는 것은 받은 줄로 믿으면 그대로 됩니다. 무엇이든지 기도하고 구하는 것이 이루어진 줄로 믿는 것이 바로 거푸집을 만드는 것입니다. 이것이 "네 믿은 대로 될지어다"라고 말씀하신 예수님의 뜻입니다. 그것은 결코 나의 믿음이 아닙니다.

우리는 믿음대로 행동하기 위해 믿는다!

또 그리스도께서 너희 안에 계시면 몸은 죄로 인하여 죽은 것이나 영은 의를 인하여 산 것이니라 예수를 죽은 자 가운데서 살리신 이의 영이 너희 안에 거하시면 그리스도 예수를 죽은 자 가운데서 살리신 이가 너희 안에 거하시는 그의 영으로 말미암아 너희 죽을 몸도 살리시리라 _롬 8:10,11

무릇 하나님의 영으로 인도함을 받는 그들은 곧 하나님의 아들이라 _롬 8:14

그 주님이 내 안에 들어오셔서 그분께서 말씀하실 때, 우리의 죽을 몸을 어떻게 살리실 수 있는지 그 말씀이 믿어지기 시작합니다. 그분의 영으로 인도함을 받을 때, 우리는 예수 그리스도 안에서 선포합니다. 하나님의 말씀이 이루어진 결과를 바라보며 이렇게 선포하는 것입니다.

"그렇습니다. 주님, 바로 이겁니다."

우리가 하나님의 영(靈)에 감동이 되면 말씀이 믿어지고, 그 말씀으로 기도하고 구하는 것은 받은 줄로 믿게 됩니다. 또한 바라는 것들의 실상과 보지 못하는 증거가 무엇인지 그리게 됩니다.

그럴 때 그 믿음만큼 하나님이 역사하십니다. 생명의 씨앗인 말씀이 역사합니다. 우리가 믿음이라는 거푸집을 만들어놓은 다음 "이겁니다"라고 하는 것을 "믿는 대로 행동한다"라고 합니다. 믿음은 행동과 함께 역사합니다.

> 행함이 없는 믿음은 그 자체가 죽은 것이라 _약 2:17

> 이는 우리가 믿음으로 행하고 보는 것으로 하지 아니함이로라 _고후 5:7

우리가 월요말씀치유 집회 때, 예배를 드리며 말씀을 들을 때 성령의 임재를 간절히 사모하는 것은 무엇 때문입니까? 하나님의 영광 안으로 들어가도록, 하나님의 영이 자신을 다스리고 사로잡아 하나님의 말씀이 마음에 풀어지도록, 말씀에 따라 하나님이 당신에게 베풀어주실 일들이 믿어지도록, 그래서 담대히 "네 믿은 대로 될지어다"라는 주님의 말씀대로 믿음으로 행동하기 위해서가 아닙니까? 그렇습니다. 믿는 대로 행동하는 것이 중요합니다.

> 너희 안에서 행하시는 이는 하나님이시니 자기의 기쁘신 뜻을 위하여 너희로 소원을 두고 행하게 하시나니 _빌 2:13

우리의 심령에 계셔서 기쁘신 뜻을 마음판에 부어주시는 분은 하나님이십니다. 그러나 믿음으로 받아들인 소원을 이 땅에 나타내는 것은 우리입니다.

성령의 감동과 믿음의 행동

우리가 시간을 내서 말씀치유 집회에 참석하는 것은 병 고침을 받고 싶기 때문입니다. 자신이 할 수 없었고 한 번도 해보지 못한 일을 경험하기 위해서입니다. 우리가 바라는 실체이며 볼 수 없는 믿음의 증거를 구하는 그 일을 완성시키는 것이 바로 믿는 대로 행동하는 것입니다.

> 이는 선지자 이사야로 하신 말씀에 우리 연약한 것을 친히 담당하시고 병을 짊어지셨도다 함을 이루려 하심이더라
> _마 8:17

> 친히 나무에 달려 그 몸으로 우리 죄를 담당하셨으니 이는 우리로 죄에 대하여 죽고 의에 대하여 살게 하려 하심이라 저가 채찍에 맞음으로 너희는 나음을 얻었나니 _벧전 2:24

당신이 치유집회에서 설교자를 통해 치유의 말씀을 들었다고

생각해봅시다. 첫 번째, 우리는 예수님께서 우리를 위해 행하신 말씀을 들은 것입니다. 두 번째, 이 말씀을 듣기는 들었는데 자신의 질병은 전혀 치유되지 않았고, 지금도 여전히 고통스럽습니다. 그렇다면 세 번째, 이제 당신은 자신의 태도를 결정해야 합니다.

> 진리가 예수 안에 있는 것같이 너희가 과연 그에게서 듣고 또한 그 안에서 가르침을 받았을진대 너희는 유혹의 욕심을 따라 썩어져가는 구습을 좇는 옛 사람을 벗어버리고 오직 심령으로 새롭게 되어 하나님을 따라 의와 진리의 거룩함으로 지으심을 받은 새 사람을 입으라 _엡 4:21-24

구습(舊習)을 좇는 옛 사람을 벗어버리고 새 사람을 입든지, 옛날 방식 그대로 생각하고 말하고 돌아가든지 결정해야 합니다. 이때 우리가 해야 할 일이 무엇입니까?

"성령님, 내 의지와 내 뜻이 아니라 나를 사로잡아주옵소서. 내가 하나님의 자녀이지 않습니까? 더 이상 내 의지와 생각으로 이해하는 것이 아니라 이 말씀이 믿어지게 하옵소서."

이제는 당신이 믿음으로 선포해야 합니다.

"예수 그리스도의 이름으로 명하노니, 이 더러운 질병아, 떠나갈지어다. 우리 주 예수 그리스도께서 채찍에 맞으시고 흘리신 피와 찢기신 살로 말미암아 나는 나음을 입었느니라."

당신이 믿음으로 거푸집을 만드는 것입니다. 만일 당신이 팔이 아프다면 팔을 쓰지 못하는 것이 아니라 자신이 팔을 마음껏 돌리고 자유자재로 쓰는 것을 믿음으로 바라보는 것입니다. 그런 다음 말씀에 따라서 치유되었음을 믿고 행동하는 것입니다.

그렇지만 당신이 성령에 사로잡히지 않고 제정신이라면(?) 어떤 일이 일어나는지 아십니까? 기도 한 번 할 때마다 아픈가 안 아픈가 자신의 몸을 확인하는 일을 반복하게 될 것입니다. 그것은 당신의 의지와 생각이 살아 있다는 것을 증명하는 것입니다. 그러나 성령님의 감동을 받으면 자신에게 그 일이 말씀대로 이루어질 것을 믿게 됩니다. 아프고 안 아프다는 감각의 문제는 사라지고 치유자이신 주님께 감사와 영광을 올려드리게 될 것입니다.

바라고 믿었으니 행동하라!

베데스다라는 연못 주위에 38년간 한 번도 일어서지 못한 병자가 있었습니다. 38년이나 걷지 못했다면 아마 다리가 엄청나게 가늘어졌을 것입니다. 그런데 예수께서는 그 38년 된 병자에게 "네 자리를 들고 걸어가라"(요 5:8)라고 말씀하셨고, 그러자 그 사람이 곧 병이 나아서 자리를 들고 걸어갔습니다.

만일 당신이 이 병자라면 어땠을지 상상해보십시오. 하나님의 영광이 임하지 않았다면 '내 병이 38년이나 되었는데 정신이 나갔나?' 하지 않았겠습니까? 그 다음에는 자신의 다리를 보면서 '아, 내 다리가 이렇게 가는데 걸어가라고?'라고 하면서 한쪽에 힘 한번 주고 아픈지 안 아픈지, 또 다른 한쪽에 힘 한번 주고 아픈지 안 아픈지, 계속 다리에 힘 주는 일만 반복했을지도 모릅니다.

그러나 그 병자는 예수님 앞에서 그렇게 하지 않았습니다. 예수님이 걸어가라고 하시니까 그 말씀과 그 믿음대로 일어나 걸어갔습니다. 하나님께서 바로 그의 거푸집만큼 역사하신 것입니다.

우리가 하나님의 영광 가운데 있고 지금 그곳에서 하나님의 말씀을 들었습니다. 그럴 때 우리가 이 땅에서 승리하고 이 땅에서 능치 못함이 없는 이유는 단 하나밖에 없습니다. 당신이 헌금을 얼마나 냈느냐, 기도를 얼마나 했느냐, 금식을 얼마나 했느냐와 전혀 상관없이, 2천 년 전에 예수께서 모든 인간의 죄를 위해 친히 십자가에서 피 흘리셨기 때문에, 우리 육신의 질병을 치유하시기 위해 채찍에 맞아 살점이 뜯겨 나갔기 때문입니다. 오직 이것밖에 없습니다.

그런데 그것을 내 머리로 믿으려고 하면 도저히 안 믿기는 것입니다. 그것과 지금 나에게 있는 질병이 무슨 상관이 있느냐고 반문합니다. 그렇지만 성령 안에서는 그 말씀이 진리인 것을 알게 됩니다. 더 나아가 내 입술로 믿음으로 선포하게 됩니다.

"우리 주 예수 그리스도께서 채찍에 맞음으로 내가 이미 나았다. 이 더러운 질병아, 내게서 떠나가!"

그리고 믿는 대로 행동합니다.

그러면 어떤 분은 당장 확인되지 않는 질병은 어떻게 믿음대로 행동하느냐고 질문할 수 있습니다. 그것도 마찬가지입니다. 믿음은 바라는 것의 실상이요 보지 못하는 것의 증거라면, 당신이 이미 나은 것으로 믿었으니 당신의 낯빛부터 변해야 하지 않겠습니까? 하나님이 낫게 해주셨는데 잔뜩 찌푸리고 있는 것이 맞겠습니까? 아니면 기뻐 뛰는 것이 맞겠습니까? 자신이 말씀으로 치유함을 받아 깨끗해졌으니 자신이 믿는 대로 행동하는 것이 당연하지 않겠습니까? 믿음대로 행동해보십시오. 그 믿음만큼 하나님이 역사하십니다.

하나님나라의 질서를 사모하라

하나님나라의 질서를 이 땅에서는 '기적'(Miracles)이라고 말합니다. 하나님나라의 질서는 이 땅에서 우리의 믿음만큼 나타납니다. 하나님나라의 것을 이 땅에 옮기는 통로가 바로 믿음입니다. 나의 마음이 말씀에 일치될 때, 바로 이 믿음을 통해 하나님의 권능이 말씀대로 역사하는 것입니다.

우리는 그 믿음으로 하나님으로부터 무엇인가를 취하려는 존재가 아닙니다. 하나님나라의 친 백성은 하나님의 것을 이 땅으로 옮기는 자입니다. 그 말씀을 실체로 변화시키는 자입니다. 당신이 거푸집을 넓고 크게 만들면 그만큼 더 큰 일을 행할 수 있을 것입니다. 불가능한 것을 가능하게 만드는 것은 하나님이 하시는 일입니다. 단, 그것을 이룰 수 있는 거푸집은 당신이 만들어야 합니다.

그런데 우리의 마음속에는 늘 양가감정(兩價感情, 반대되는 두 가지 생각에서 오는 혼란스러운 감정)이 존재합니다. 우리는 지금까지 세상에서 자신의 육신으로 살아온 삶의 패턴을 가지고 있습니다. 그렇기 때문에 그것을 생각하면 도저히 불가능한 일이 이 세상에는 수없이 많습니다. 그래서 우리에게 하나님이 필요한 것입니다.

그분이 우리 안에 들어오셔서 우리가 하나님의 영으로 인도함을 받을 때 그때부터 기적이 일어납니다.

오직 의인은 믿음으로 말미암아 살리라!
THE RIGHTEOUS WILL LIVE BY FAITH
바라고 믿었으니 성령 안에서 당신이 믿은 대로 행동하십시오.
우리의 믿음만큼 하나님의 권능이 말씀대로 역사하십니다.

PART 04

하나님의 나라와 그의 의를
사모하는 믿음

우리는 우리가 왔고 또다시 가야 할 본향을 기억해야 합니다. 이 땅에서 사는 날 동안에도 늘 그 본향과 주파수를 맞추어서 그 하나님나라와 교제하며 살아야 합니다. 당신이 육신의 장막을 벗고 난 다음, 그분과 함께 거하며 그분과 함께 다스릴 새 땅을 소망하며 그 믿음으로 이 땅에서 살아야 합니다.

FAITH WITH MIRACLE

08 | Faith with Miracle

하나님나라를 사모하는 믿음으로
끝까지 기도하라

딜레마, 기도한다는 것은…

나는 몸과 마음의 질병으로 고통 받는 사람들을 위해 하나님의 말씀을 선포하고 기도하고, 그들을 묶고 있는 더러운 귀신과 악한 영을 내쫓는 일을 합니다. 또한, 힘써 격려하여 믿음을 북돋우고 그 믿음으로 하나님나라의 삶을 온전히 맛보게 하고자 합니다. 그것이 하나님께서 저에게 주신 소명(召命)이기 때문입니다.

하지만 내가 기도한 모든 사람이 다 강건케 되었을까요? 그렇지 않습니다. 말씀치유 집회를 인도하면서, 간절히 기도했는데도 치유되지 못하고 하늘나라로 가는 사람들을 봅니다. 그런 소식을 접할 때마다 인간적인 생각으로는 슬프고 안타깝지만, 그들이 천국에서 안식을 누리는 것 또한 하나님의 뜻일 줄로 믿습니다. 치유가 정말 하나님의 절대적인 주권이며 신비의 영역임을 생각하게 되었습니다.

내가 알게 된 신실한 한 자매가 있었습니다. 40대 초반의 나이에 난소암 말기 진단을 받고 말씀치유 집회에 참석해온 자매인데, 말씀을 통해 많은 위로를 받았지만 안타깝게도 몸에는 차도가 없었다고 합니다. 그 자매를 향한 가족의 지극한 사랑과 하나님을 향한 자매의 아름다운 믿음을 보고 나는 눈물로 하나님께 매달리지 않을 수 없었습니다.

나는 그 자매의 치유를 위해 전심으로 하나님께 기도했습니다. 그러나 결국 그 자매는 치유되지 못하고 하늘나라로 갔습니다. 물론, 천국의 소망을 안고 평안히 숨을 거두었습니다만, 그 자매를 보내고 나서 나는 말할 수 없는 고통을 느꼈습니다.

어떤 이들은 내게 이렇게 질문하는지도 모르겠습니다. 그렇게 하나님의 뜻에 따라 생사(生死)와 치유 여부가 결정되어 있다면 낫게 해달라는 기도는 왜 하느냐 하는 것입니다. 우리에게 죽음은 끝이 아니고 죽은 다음에 더 아름답고 놀라운 곳이 우리를 기다리고 있다면, 우리는 '그렇다면 기도는 왜 하는가? 치유를 위해 기도하지 않아도 되는 것 아닌가? 기도 안 해도 죽으면 더 좋은 곳에 가는데 왜 치유기도가 필요한가?'라고 생각할 수도 있습니다.

그에 대한 나의 대답은 이렇습니다. "나도 잘 모릅니다. 그렇지만 우리가 가져야 할 태도는 인간의 관점이 아니라 하나님의 관점에서 이 모든 것을 보아야 한다는 것입니다"라는 것입니다. 예수님은 죽은 나사로를 살려내셨고, 상여에 실려 가는 청년도 살리셨습니다. 베드로도 병들어서 죽은 욥바의 여인 다비다를 살렸습니다.

그렇다면 우리는 언제까지 기도해야 합니까? 어떻게 기도해야 한다는 말입니까? 이것은 치유사역자인 나의 딜레마일 뿐만 아니라 질병으로 고통 받는 모든 사람의 딜레마이며, 그들을 지켜보는 가족들의 딜레마이기도 합니다.

생명과 죽음과 하나님나라에 대한 하나님의 관점을 취하라

나는 지금까지 말씀을 전하고 치유사역을 해오면서, 삶의 모든 면을 하나님나라의 사고방식으로 생각하고, 설교하고, 그것을 증명해 보이려고 노력했습니다. 그런데 정작 죽음에 대해서는 세상적인 사고방식을 가지고 있는 것을 발견했습니다. 그것은 내가 치유사역자이기 때문에, 하나님의 권능으로 사람을 살려야 한다는 데 초점을 맞추었기 때문이라고 생각됩니다.

모든 인간은 자아중심적으로, 이 땅에서의 육신의 삶에 기초해서 생명과 죽음을 생각합니다. 반대로 하나님은 시간과 공간을 초월한 하나님나라의 관점에서 우리 인간의 생명과 죽음을 바라보십니다. 예를 들면, 세상적인 관점에서 볼 때, 생명은 육신의 호흡과 맥박의 유무에 있지만, 하나님의 관점에서 볼 때, 생명은 인간의 심령 안에 하나님의 영이 있느냐 없느냐로 판단됩니다.

무릇 예수를 영접한 자나 그렇지 않은 자나 우리가 보기에는 똑같이 호흡하고 살아가지만, 하나님이 보시기에 불신자들은 살았으나 죽은 자요 그리스도인들은 영생이 있는 하나님의 자녀입니다. 이와 마찬가지로, 우리가 구원을 얻고 하나님나라의 백성이 되었다면, 마땅히 죽음도 하나님의 관점에서 볼 수 있어야 하고, 그 관점에서 육신을 관리하고 소천(召天)의 때를 맞이해야 할 것입니다.

무엇보다도 우리가 구원을 얻었고, 그리스도 안에서 새로운 피조물이 되었다면 우리는 더 이상 이 세상에 속한 것이 아니라 하나님나라에 속해 있다는 사실을 깨달아야 합니다. '하나님나라'(kingdom of God)라는 것은 어떤 공간이나 영역을 의미한다기보다 일차적으로 하나님의 통치, 주권, 다스림(king's dominion)을 의미합니다. 따라서 구원 받은 자에게는 그리스도의 영이 함께하시고, 그가 그 영의 인도함을 받을 때, 하나님의 자녀인 그가 하나님나라가 됩니다.

> 바리새인들이 하나님의 나라가 어느 때에 임하나이까 묻거늘 예수께서 대답하여 가라사대 하나님의 나라는 볼 수 있게 임하는 것이 아니요 또 여기 있다 저기 있다고도 못하리니 하나님의 나라는 너희 안에 있느니라 _눅 17:20,21

동시에 구원 받은 자가 하나님의 영의 인도함을 받을 때, 하나님의 영광이 그를 통하여 나타나게 되고, 그는 자신뿐 아니라 주위 영역에 영향력을 미칠 것입니다. 다시 말해서 그를 통해 하나님의 영광이 그곳에 임한다는 것입니다. 이때 우리는 그곳에 하나님의 나라가 도래했다고 말할 수 있습니다.

하나님나라는 '이미, 그러나 아직'

예수 그리스도께서 십자가에 못 박히시고, 보혜사 성령님을 우리에게 보내주실 때, '현재적 하나님나라'가 도래했습니다.

> 또 저희에게 이르시되 내가 진실로 너희에게 이르노니 여기 섰는 사람 중에 죽기 전에 하나님의 나라가 권능으로 임하는 것을 볼 자들도 있느니라 하시니라 _막 9:1

> 그러나 내가 하나님의 성령을 힘입어 귀신을 쫓아내는 것이

> 면 하나님의 나라가 이미 너희에게 임하였느니라 _마 12:28

신학자들은 예수님의 초림과 재림 사이를 현재적 하나님나라로 규정하고, 흔히 'already … but not yet'이라고 표현합니다. 왜냐하면, 이미(already) 도래했지만, 아직 완성되지 않은 하나님나라이기 때문입니다. 지금이 아니라(not yet) 예수님께서 다시 재림하실 때 완전한 하나님나라가 이 땅에 임할 것이고, 그때 우리는 창세로부터 예비된 완전한 나라를 상속받게 될 것입니다. 우리는 그때를 '오는 세상' 혹은 '미래적 하나님나라'라고 칭합니다.

> 그때에 임금이 그 오른편에 있는 자들에게 이르시되 내 아버지께 복 받을 자들이여 나아와 창세로부터 너희를 위하여 예비된 나라를 상속하라 _마 25:34

아픈 것이나 곡하는 것이나 사망이 완전히 없어지는 때는 미래적 하나님나라, 곧 새 하늘과 새 땅에서입니다. 지금 우리가 현실에서 맛보는 표적은 새 하늘과 새 땅의 상태를 견본(見本)으로서 누리는 것입니다. 그래서 현실에서는 하나님나라의 온전한 실현을 누리지 못하는 한계가 있습니다(이런 측면에서 이 땅에서는 전면적인 치유를 체험하지 못하는 것입니다).

한편, 마태복음에는 '하나님나라'(kingdom of God)와 '천국' (kingdom of heaven)이 함께 사용되었고, 다른 복음서에서는 '하나님나라'라는 용어를 씁니다. 마태복음은 유대인을 위해 쓰여진 성경으로, 그들에게 천국은 곧 하나님나라라는 뜻으로 이해되기 때문에 의미상 아무런 혼동이 없습니다.

그러나 이 말이 사회 문화적으로 다른 동양권에서는 오해를 불러일으켜 우리를 혼동케 합니다. 즉, 천국은 지금이 아니라 우리가 죽고 난 다음에 가는 하늘에 위치한 어떤 영역쯤으로 생각한다는 것입니다. 하지만 그것은 결코 사실이 아닙니다. 천국은 앞서 언급한 것처럼 하나님나라를 뜻하며, 하나님의 통치가 임하는 이 땅 어느 곳도 천국이 될 수 있습니다.

지금까지 우리가 세상의 관점에서 하나님나라를 분류해서 생각해보았지만, 하나님의 관점에서 보면 하나님나라는 영원 전부터 영원히 존재합니다. 예수님은 우리에게 그 나라가 시공간을 초월하여 이 땅에 임하도록 기도하고, 그 나라에서 이미 이루어진 것을 이 땅(세상)에 나타나도록 하라고 말씀하셨습니다.

> **나라이 임하옵시며 뜻이 하늘에서 이룬 것같이 땅에서도 이루어지이다** _마 6:10

죽음과 질병과 하나님 섭리의 신비

하나님의 관점에서 볼 때, 우리의 삶은 육신 안에 영혼이 거하는 하나님나라와 육의 장막을 떠나 영혼만이 거하는 하나님나라(낙원), 마지막에는 영혼이 부활의 몸을 입고 거하는 하나님나라(새 하늘과 새 땅, 곧 새 예루살렘)가 있을 뿐입니다. 다시 말해서, 우리의 관점은 육신에 있지만, 하나님의 관점은 '영혼'에 있다는 사실입니다. 물론, 우리가 이 땅에 거하는 동안에 하나님은 우리의 영혼뿐만 아니라 우리의 육신도 강건하기를 원하십니다.

> 평강의 하나님이 친히 너희로 온전히 거룩하게 하시고 또 너희 온 영과 혼과 몸이 우리 주 예수 그리스도 강림하실 때에 흠 없게 보전되기를 원하노라 _살전 5:23

분명한 진리는 하나님께서는 우리가 온전하기를 원하시지 우리에게 질병을 주시는 분이 아니라는 사실입니다. 또한, 사탄이라 할지라도 하나님의 허락하심이 없이는 하나님의 자녀가 질병으로 인해 죽음을 맞게 하는 일을 벌일 수 없습니다. 왜냐하면 사탄도 하나님의 피조물일 뿐이기 때문입니다.

우리가 구원을 받고 우리 안에 그리스도의 영이 들어와 죄의 형벌로부터 영원히 자유케 되었지만 여전히 죄의 세력 가운데 살고 있으며, 질병으로 고통 받으며 결국에는 그 질병 때문에 죽음을 맞는 경우가 허다합니다. 안타깝지만 이 일에 대해서는 우리가 다 답할 수 없는 하나님의 신비가 있습니다. 믿음을 가지고 열심히 기도했지만 우리의 생각이나 기도와 달리 하나님께서 데려가시는 사람들도 많습니다. 이때 우리는 어떤 자세로 기도해야 합니까?

본향의 삶을 고대하는 믿음이 있는가?

그러나 분명한 것은 예수님은 이 땅에 오셔서 우리의 죄를 사하셨을 뿐만 아니라 우리의 질병도 치유하기 원하셨습니다. 그래서 예수님 앞에 나오는 자는 누구든지 치유함을 받았고 예수님도 "네 믿은 대로 될지어다"라고 말씀하셨습니다.

> 예수께서 온 갈릴리에 두루 다니사 저희 회당에서 가르치시며 천국 복음을 전파하시며 백성 중에 모든 병과 모든 약한 것을 고치시니 _마 4:23

또, 예수님은 영원한 하나님나라에서 그분의 뜻이 이루진 것 같이, 그 나라가 이 땅에 도래했으므로 이곳에서도 그의 뜻이 이루어지도록, 우리가 그 나라의 친(親) 백성의 삶을 살아야 할 것을 말씀하셨습니다.

> 나라이 임하옵시며 뜻이 하늘에서 이룬 것같이 땅에서도
> 이루어지이다 _마 6:10

> 그가 우리를 대신하여 자신을 주심은 모든 불법에서 우리
> 를 구속하시고 우리를 깨끗하게 하사 선한 일에 열심하는
> 친 백성이 되게 하려 하심이니라 _딛 2:14

결국, 하나님의 은혜로 우리는 육신을 입고 사는 이 땅에서 뿐만 아니라 육신을 벗고 난 다음에도 하나님나라의 삶을 살 수 있다는 것입니다.

그런데 대부분 우리의 모든 관심은 어디에 있습니까? 우리의 영원한 삶, 하나님나라의 삶, 그 나라에서 이미 이루어진 하나님의 일을 생각하기보다는 너무나 개인적이고 주관적이고 현실적인 오늘 자신의 삶에만 지대한 관심을 쏟고 있지는 않습니까?

우리는 분명히 죄 사함 받고 구원을 받았음으로 이 땅에 도래한 하나님나라에서 하나님의 아름다운 덕(德)을 선전하는 삶을 살아야 합니다.

> 내가 세상에 속하지 아니함같이 저희도 세상에 속하지 아
> 니하였삽나이다 _요 17:16

오직 너희는 택하신 족속이요 왕 같은 제사장들이요 거룩한 나라요 그의 소유된 백성이니 이는 너희를 어두운 데서 불러내어 그의 기이한 빛에 들어가게 하신 자의 아름다운 덕을 선전하게 하려 하심이라 _벧전 2:9

그런데 우리의 기도와 우리의 삶의 모습을 보십시오. 대개 질병으로 고통당할 때, 큰 슬픔에 빠졌을 때, 어려운 고난 가운데서 우리는 이 땅에 도래한 하나님나라의 법을 적용하기보다는 자신의 질병, 슬픔, 고난의 현재적 해결을 위해 세상의 법을 적용하는 데 초점을 맞춥니다. 어떻게 하면 육신의 병이 나을까, 어떻게 하면 내 생명을 더 연장할 수 있을까, 어떻게 하면 고난과 불행을 피해볼까 하고 거기에 모든 힘을 쏟습니다.

그것이 잘못되었다고 하기에 앞서, 우리가 육신의 장막을 벗었을 때도 동일하게 존재하는 하나님나라와 그 유업에 대해 어떻게 생각하고 있는지 궁금합니다. 우리의 연수가 칠십이요 강건하면 팔십인데, 그 인생 중에서 우리가 예수 그리스도를 믿고 그분의 영이 내 안에 들어오신 시점으로부터 우리는 하나님나라의 대사(大使)로서 이 땅에서 살아갑니다. 그리고 짧은 생을 마감한 다음 다시 본향(本鄕)의 삶을 살게 됩니다. 하나님의 관점에서 볼 때, 우리는 잠시 동안 이 세상에서 육(肉)을 경험하는 영적(靈的)인 존재입니다. 다시 한번 말하지만, 우리가 이 세상에 소속된 자로서 육신의 삶에만 묶여 있다면 인생은 비참해질 수밖에 없습니다. 그러나 우리가 하나님나라에 소속되어 있을 때, 우리의 삶은 비참해질 수 없으며, 잠시 대사로서 부름 받은 이 직분을 감당하기 위해서 무엇을 어떻게 해야 하는지 더욱 분명하게 알게 됩니다.

그런데 예수 그리스도를 믿을 때, 그 본향에 가본 사람은 아무도 없습니다. 그렇기 때문에 구원 받은 우리는 이 땅에서 열심히 살다가 때가 되면 천국에 간다는 내세적 개념의 신앙을 갖게 되는 것입니다. 그러나 우리는 자신이 하나님으로부터 태어났으며 따라서 자신의 본향이 하나님의 나라임을 자각하고, 날마다 그 본향의 삶을 믿음으로 누리며, 그 본향의 것을 이 땅에 도래케 하는 삶을 살아야 합니다.

삶과 죽음에 대한 전혀 다른 생각

자신의 본향은 하나님의 나라이며 시민권 역시 하나님나라에 있는데, 그 하나님나라의 대사(大使)로서 자신이 30년, 40년, 50년, 60년간 부름을 받아 이 땅에서 살다가 다시 자신의 본향으로 돌아간다는 믿음을 가진 사람과 그렇지 않은 사람이 이 땅에서 살아가는 태도와 방식은 결코 동일할 수 없으며, 그 자세는 완전히 다를 것입니다.

오직 우리의 시민권은 하늘에 있는지라 _빌 3:20

우리가 열심히 살다가 천국에 가겠다는 것과 자신의 본향은 천국이며 이 땅에 부름을 받았기 때문에 하나님의 대사로서 이 땅에서 살아간다는 것은 180도 다릅니다. 이 점을 깨닫고 이 땅의 삶을 새롭게 볼 때 삶과 죽음에 대한 우리의 생각이 달라집니다.

나는 말씀치유 집회를 사모하여 나오는 많은 분들이 어떤 믿음을 가지고 나오는지 생각해보았습니다. 어떻게든 자신의 병이 낫기를 바라는 소망으로 나왔지, 진정으로 지금 자신이 누리는 하나님나라에 대한 깨달음과 장막을 벗은 다음에도 동일하게 누리는 하나님나라에 대한 소망이 없다는 생각이 들었습니다.

분명히 예수께서 우리의 죄를 사해주셨고 우리는 하나님나라의 백성이 되었습니다. 그렇다면, 육신의 생명이 다하는 이 세상의 삶 동안에도 하나님나라의 삶을 살아야 합니다. 동시에 육신을 벗고 난 다음 누리는 더 나은 본향의 삶도 소망해야 합니다.

저희가 이제는 더 나은 본향을 사모하니 곧 하늘에 있는 것이라 그러므로 하나님이 저희 하나님이라 일컬음 받으심을 부끄러워 아니하시고 저희를 위하여 한 성(城)을 예비하셨느니라 _히 11:16

우리가 비록 물리적으로 또는 육신적으로는 한 번도 가보지 못했지만, 우리는 우리가 왔고 또다시 가야 할 본향을 기억해야 합니다. 이 땅에서 사는 날 동안에도 늘 그 본향과 주파수를 맞추어서 그 하나님나라와 교제하며 살아야 합니다. 당신이 육신의 장막을 벗고 난 다음, 그분과 함께 거하며 그분과 함께 다스릴 새 땅을 소망하며 그 믿음으로 이 땅에서 살아야 합니다.

저희로 우리 하나님 앞에서 나라와 제사장을 삼으셨으니 저희가 땅에서 왕노릇 하리로다 하더라 _계 5:10

하나님나라와 교통하라

'죽음'을 앞에 두고 있다고 가정할 때, 신자와 불신자의 차이가 무엇이라고 생각하십니까? 당신은 죽음 너머에 있는 새로운 삶을 어떻게 생각하십니까? 하나님나라에서 보는 죽음과 당신이 보는 죽음이 전혀 다르다는 것을 아십니까? 당신은 진정한 하나님의 자녀로서 하나님과 그 나라와 매일 교제하십니까? 그렇다면 우리는 이 땅에 도래한 하나님나라뿐만 아니라 우리가 죽고 나서 가는 그 천국(하나님나라)도 알게 될 것입니다. 왜냐하면 그것이 동일한 하나님나라이기 때문입니다.

그리스도인이 하나님께서 이 땅에서 정한 기한을 다 마치고 하나님나라에 들어갈 때, 하나님께서는 믿음의 선배들과 천군천사와 함께 마치 여인의 해산을 기다리듯이, 육신의 장막을 벗게 될 한 영혼을 말할 수 없는 기쁨으로 고대하고 맞이하십니다. 그동안 직분을 잘 수행했다고 말입니다. 우리에게 이 관점이 있습니까? 당신은 영원한 본향의 삶을 소망하며 이 땅에서 하나님이 허락하시는 동안 그분의 뜻대로 최선을 다하는 삶을 삽니까? 아니면 그런 소망 없이 이 세상에서 더 오래 살고 더 잘 살기 위해 당신에게 하나님이 필요한 것입니까?

우리 안에 하나님의 영광이 있고 우리 안에 사신 예수 그리스도께서 지금 하나님 우편에 앉아 계신다면, 우리는 그리스도의 몸으로 이 땅에 그분을 대표해서 살아갈 뿐만 아니라 날마다 하나님나라의 대표자로서 그분의 소명을 가지고 살아가야 합니다. 우리가 육신에 거하는 동안에 있는 하나님나라와 육신을 떠난 다음 누리게 될 하나님나라는 동일한 하나님의 나라입니다. 그렇기 때문에 우리가 이 땅에서 육신 가운데 산다 할지라도 우리는 날마다 살아가는 순간마다 하나님나라와 교통하는 자가 되어야 합니다.

우리가 육신에 거하지만 하나님과 교통할 때, 우리는 그분의 권세와 권능이 무엇인지 알 수 있습니다. 죽음 너머의 삶도 두렵지 않습니다. 마찬가지로 우리가 하나님나라와 교통하면 날마다 자유함을 누릴 수 있습니다.

그러나 하나님나라와의 교통이 없는 자에게 죽음은 지독한 두려움입니다. 그러니까 모든 것을 팔아서라도 자기 목숨을 건지려고 애쓰는 것입니다. 그리스도를 아는 자는 그 하나님나라에 들어가기 위해서 모든 것을 팔지만, 그리스도를 모르는 자는 계속 이 땅에 머물러 살기 위해 자신의 모든 것을 팔게 됩니다.

> 천국은 마치 밭에 감추인 보화와 같으니 사람이 이를 발견한 후 숨겨 두고 기뻐하여 돌아가서 자기의 소유를 다 팔아 그 밭을 샀느니라 _마 13:44

분명한 것은 하나님나라와 교통하지 않는 자는 이 땅에서 하나님이 기뻐하시는 삶을 살 수 없다는 것입니다.

하나님께서 우리 생명을 연장해주시는 진짜 이유

> 만일 그리스도 안에서 우리의 바라는 것이 다만 이생뿐이면 모든 사람 가운데 우리가 더욱 불쌍한 자리라 _고전 15:19

이 세상에서 사는 삶이 전부라면 그리스도인은 가장 불쌍한 사람들일 것입니다. 그들은 하나님나라를 모르기 때문에, 이 땅에서의 삶이 전부이기 때문에 지금 자신의 육신을 버릴 수 없다고 생각하는 것입니다.

> 형제들아 자는 자들에 관하여는 너희가 알지 못함을 우리가 원치 아니하노니 이는 소망 없는 다른 이와 같이 슬퍼하지 않게 하려 함이라 _살전 4:13

우리는 이 땅에서 내 뜻이 아니라 하나님의 뜻을 이루기 위해 최선을 다해 살아야 합니다. 더 중요한 것은 죽음이 끝이 아니라는 사실입니다. 따라서 어떻게 하면 이 땅에서 우리의 목숨을 연장시킬 수 있는가가 중요한 것이 아니라 어떻게 하면 내 목숨이 붙어 있는 한 하나님의 뜻을 이룰까가 중요합니다. 왜냐하면 이 땅에서 어떻게 살았느냐가 육신의 장막을 벗은 다음 우리의 영원한 삶의 질(質)을 결정하기 때문입니다.

그런데 많은 사람들은 그렇게 생각하지 않습니다.

"하나님이 나를 치유해주시면 하나님을 위해서 살겠습니다."

"주님, 지금껏 내가 비록 이렇게 잘못 살았지만, 내 목숨을 연장시켜주시면 이렇게 이렇게 하겠습니다!"

하나님이 '나를' 살려주시면 '내가' 하나님을 위해 살겠다는 것은 결국에 자기가 하겠다는 것이고, 그것은 하나님의 영광이 자신 안에 들어와 영의 생각으로 하나님의 아름다운 덕을 선전하는 삶이 뭔지 아직도 깨닫지 못했다는 뜻입니다.

우리가 건강해야만 하나님을 위해 살 수 있는 것은 아닙니다. 우리에게 죽음이 임박한 상황에서도 우리는 다른 사람에게 영향력을 줄 수 있고, 암에 걸려서 고통 받고 있더라도 하나님의 아름다운 덕을 선전할 수 있습니다. 하나님이 원하시는 것은 우리가 질병 중에 있더라도, 우리가 큰 고난 중에 있더라도 내가 아니라 나는 죽고 내 안에 계신 그분이 드러날 수 있도록 사는 것입니다.

진정으로 히스기야 왕처럼 목숨을 연장시켜달라고 할 것 같으면 어떻게 구해야 하겠습니까? 내가 미처 한(恨)을 다 풀지 못했다고, 아직 할 일이 많이 남았다고, 내 자식 결혼도 못 시키고 불쌍해서 어떡하면 좋으냐고, 그러니 나의 생명을 연장시켜달라고 구하겠습니까?

"하나님, 내 평생에 이 육신을 입고 있는 동안, 부끄럽게도 당신의 아름다운 덕(德)을 선전해본 적이 없습니다. 그래서 더 살아야겠습니다. 내가 비록 고통스러운 질병 가운데 있지만 하나님의 말씀대로 하나님의 아름다운 덕을 조금이라도 더 알리고 하나님 앞에 가야겠습니다."

오히려 이런 기도야말로 하나님 앞에 담대하고 올바른 태도가 아닐까요?

하늘에 속한 자의 형상을 입으려면!

죽은 자의 부활도 이와 같으니 썩을 것으로 심고 썩지 아니할 것으로 다시 살며 욕된 것으로 심고 영광스러운 것으로 다시 살며 약한 것으로 심고 강한 것으로 다시 살며 육의 몸으로 심고 신령한 몸으로 다시 사나니 육의 몸이 있은즉 또 신령한 몸이 있느니라 _고전 15:42-44

예수님께서 십자가에 못 박히고 장사된 지 삼 일 만에 부활하셨을 때, 그분의 몸은 세상의 몸이 아니었습니다. 육의 몸이 있다면 분명히 신령한 몸도 있다는 사실을 잊지 마십시오. 무릇 진정한 그리스도인은 그 안에 하나님의 생명이 있어서 하나님으로부터 태어난 자입니다. 육체로 있을 때, 그 안에 하나님의 생명이 들어온 자, 그 하나님과 교제하는 자만이 육체를 벗었을 때, 영의 옷을 입습니다.

기록된 바 첫 사람 아담은 산 영이 되었다 함과 같이 마지막 아담은 살려 주는 영이 되었나니 _고전 15:45

먼저는 신령한 자가 아니요 육 있는 자요 그 다음에 신령한

> 자니라 첫 사람은 땅에서 났으니 흙에 속한 자이거니와 둘째 사람은 하늘에서 나셨느니라 무릇 흙에 속한 자는 저 흙에 속한 자들과 같고 무릇 하늘에 속한 자는 저 하늘에 속한 자들과 같으니 우리가 흙에 속한 자의 형상을 입은 것같이 또한 하늘에 속한 자의 형상을 입으리라 _고전 15:46-49

하늘에 속한 자의 형상을 입을 수 있는 것은 그 안에 하나님의 생명이 있을 때만 가능합니다.

> 형제들아 내가 이것을 말하노니 혈과 육은 하나님나라를 유업으로 받을 수 없고 또한 썩은 것은 썩지 아니한 것을 유업으로 받지 못하느니라 _고전 15:50

우리가 이 장막을 벗고 나면 그것이 끝이 아니라 그 다음에 우리의 영혼이 하나님의 유업을 이어받게 됩니다.

그러나 이 땅에 육체로 있는 동안 그 하나님과 생명을 나누고 그 생명의 다스림을 받지 못한다면 그는 하나님나라의 유업을 받을 수 없습니다.

죽음을 이기는 믿음

보라 내가 너희에게 비밀을 말하노니 우리가 다 잠잘 것이 아니요 마지막 나팔에 순식간에 홀연히 다 변화하리니 나팔 소리가 나매 죽은 자들이 썩지 아니할 것으로 다시 살고 우리도 변화하리라 이 썩을 것이 불가불 썩지 아니할 것을 입겠고 이 죽을 것이 죽지 아니함을 입으리로다 이 썩을 것이 썩지 아니함을 입고 이 죽을 것이 죽지 아니함을 입을 때에는 사망이 이김의 삼킨 바 되리라고 기록된 말씀이 응하리라 사망아 너의 이기는 것이 어디 있느냐 사망아 너의 쏘는 것이 어디 있느냐 사망의 쏘는 것은 죄요 죄의 권능은 율법이라 _고전 15:51-56

우리 안에 하나님의 생명이 없다면 죄가 우리를 사망에 이르게 하고, 율법으로 말미암아 율법의 저주 아래 우리는 사망에게 삼킨 바 될 것입니다. 그러나 정말 감사하게도 예수 그리스도께서 십자가에서 우리의 모든 죄를 대속(代贖)하시고 우리를 구원하셨기 때문에, 사망을 이기신 그 예수 그리스도께서 우리 안에 계셔서 이제 우리가 "사망아, 너의 이기는 것이 어디 있느냐? 사망아, 너의 쏘는 것이 어디 있느냐?"라고 담대히 외칠 수 있습니다.

왜냐하면 기껏해야 사망은 나의 육신을 죽일 수밖에 없는데, 그러나 내가 죽는다 할지라도 내 안에 계신 그리스도로 말미암아 내 영혼은 하나님의 영원한 유업을 이어받을 뿐만 아니라 새로운 영의 옷을 입게 되기 때문입니다.

이 믿음이 있다면 우리가 질병의 치유를 놓고 기도할 때 놀라운 기적이 일어나는 것을 경험할 것입니다. 중요한 것은 염려, 걱정, 불안, 두려움이 사라진다는 것입니다. 이 믿음이 있는 한, 더 이상 우리는 죽음 너머에 대한 추측으로 죽음을 맞이하지 않습니다. 죽음에 대한 두려움이 없어지고 자신의 영원한 본향의 삶이 뭔지 알면, 지금 당장 사망을 앞에 두었더라도 그때 우리의 기도는 달라집니다.

> 우리 주 예수 그리스도로 말미암아 우리에게 이김을 주시는 하나님께 감사하노니 그러므로 내 사랑하는 형제들아 견고하며 흔들리지 말며 항상 주의 일에 더욱 힘쓰는 자들이 되라 이는 너희 수고가 주 안에서 헛되지 않은 줄을 앎이니라 _고전 15:57,58

죽음 뒤의 삶을 알고 죽음을 향해 예수 그리스도의 이름을 선포하는 자와 죽음 뒤에 무엇이 오는지 모르고, '죽으면 어떻게 할까? 죽으면 끝이 아닌가?' 하는 두려움에 매인 자의 기도가 어떻게 같겠습니까? 두려움이야말로 사탄에게 합법적인 권세를 주며 자신의 기도의 능력을 무너뜨린다는 사실을 잊지 마십시오. 자신이 죽으면 끝이라는 두려움 속에서 아무리 예수의 이름으로 외친다 한들 그것은 사탄에게 점점 더 묶일 뿐입니다. 두려움 없이 하나님의 영 안에 자유하는 가운데 예수 그리스도의 이름으로 더러운 질병을 꾸짖고 내쫓을 때 기적이 일어납니다.

천국을 사는 그리스도인

만일 땅에 있는 우리의 장막 집이 무너지면 하나님께서 지으신 집 곧 손으로 지은 것이 아니요 하늘에 있는 영원한 집이 우리에게 있는 줄 아나니 과연 우리가 여기 있어 탄식하며 하늘로부터 오는 우리 처소로 덧입기를 간절히 사모하노니 이렇게 입음은 벗은 자들로 발견되지 않으려 함이라 이 장막에 있는 우리가 짐 진 것같이 탄식하는 것은 벗고자 함이 아니요 오직 덧입고자 함이니 죽을 것이 생명에게 삼킨 바 되게 하려 함이라 _고후 5:1-4

우리의 죽을 육체가 생명의 삼킨 바 된다는 것은 바로 하나님의 영광이 우리 안에 들어와 이 땅에서 하나님나라와 교제하는 자로서 이 땅의 삶을 산다는 뜻입니다.

> 곧 이것을 우리에게 이루게 하시고 보증으로 성령을 우리에게 주신 이는 하나님이시니라 이러므로 우리가 항상 담대하여 몸에 거할 때에는 주와 따로 거하는 줄을 아노니 이는 우리가 믿음으로 행하고 보는 것으로 하지 아니함이로라 … 그런즉 우리는 거하든지 떠나든지 주를 기쁘시게 하는 자 되기를 힘쓰노라 이는 우리가 다 반드시 그리스도의 심판대 앞에 드러나 각각 선악간에 그 몸으로 행한 것을 따라 받으려 함이라 _고후 5:5-7,9,10

우리의 육신이 주(主)와 따로 떨어져 이 땅에서 살 때, 우리는 '믿음'이라는 접촉점을 통해 천국에 계신 예수 그리스도와 동행합니다. 비록 몸은 떨어져서 예수 그리스도와 함께 거할 수 없지만 그렇기 때문에 더욱이 우리는 우리 눈으로 '보는 대로' 사는 것이 아니라 '믿는 대로' 살아가야 하는 것입니다. 분명한 것은 우리가 주와 떨어져 있든지 함께 있든지 우리가 이 땅에서 해야 할 유일한 일은 그분을 기쁘시게 하는 삶을 사는 것입니다.

우리가 죽고 나면 우리는 반드시 그리스도의 심판대 앞에 서게 됩니다. 그때 우리의 심판의 기준이 무엇입니까? 바로 그분의 생명의 본질인 사랑을 이 땅에 얼마나 흘려보냈느냐 하는 것입니다. 우리는 사랑의 법에 따라 그분 앞에 심판을 받을 것입니다.

> 너희는 자유의 율법대로 심판받을 자처럼 말도 하고 행하기도 하라 _약 2:12
>
> So whenever you speak, or whatever you do, remember that you will be judged by the law of love, the law that set you free. _NLT

바로 그 생명이 우리 안에 와 계십니다. 우리가 고통 중에 있을지라도 그분은 우리 안에 계십니다. 이 땅에 있는 동안 우리가 그분의 사랑을 얼마나 흘려보냈습니까? 그분이 주신 새 계명은 하나밖에 없습니다. "서로 사랑하라"는 것입니다. 그 사랑은 우리의 행위와 노력으로 우리의 의지로 하는 사랑(필레오)이 아닙니다. '사랑'(아가페)은 우리 안에 계신 그분의 본질 그 자체입니다. 우리는 그 사랑을 흘려보내야 합니다. 우리는 그것으로 판단을 받게 됩니다. 이 땅에서 우리는 우리의 죽을 육체에 사로잡힌 삶을 사는 것이 아니라, 그분의 생명에 사로잡힌 삶을 살아야 합니다.

우리가 하나님나라에 대해 진정으로 알 때, 이 땅에서 온전한 삶을 살 수 있고 자유함을 누릴 수 있습니다. 이 땅에 도래한 하나님나라에서 그분의 뜻을 이룰 수 있고 이 땅에서 하나님나라의 자원을 마음껏 누릴 수 있습니다. 죽음을 두려워하지 않을 때 맞이하는 하나님나라에서도 온전한 삶을 살 수 있습니다.

지금 당신이 어떤 상황이나 처지에 있다고 해도 하나님나라와 연결하십시오.

> 그러므로 너희가 그리스도와 함께 다시 살리심을 받았으면 위엣 것을 찾으라 거기는 그리스도께서 하나님 우편에 앉아 계시느니라 … 이는 너희가 죽었고 너희 생명이 그리스도와 함께 하나님 안에 감추었음이니라 _골 3:1,3

죽어서만 가는 것이 천국이 아니라 지금 이 땅도 천국이며 지금 이 땅도 하나님이 통치하시는 하나님나라가 있습니다. 바로 당신이 하나님나라입니다. 그리스도인이란 이 세상에서 이 땅에 도래하는 하나님나라의 법과 질서를 적용하는 사람들입니다. 그래야 하나님의 말씀대로 하나님의 뜻을 이 땅에서 이룰 수 있습니다.

그러면 이제부터 우리가 밤낮으로 하늘에 있는 것만 생각하고 땅에 있는 모든 것은 다 포기하고, 날마다 묵상하고 기도하면서 하늘나라만 바라보아야 할까요? 이 말씀은 내 안에 계신 하나님의 생명에 순종하고 하나님의 말씀에 따라 사는 것, 하나님나라의 법을 생각하고 그 하나님나라의 법을 이 땅에 이룰 수 있도록 내 눈에 보이는 대로, 내 귀에 들리는 대로, 내 마음에 떠오르는 대로 살지 않는다는 것입니다.

이렇게 위엣 것을 찾는 자만이 이 땅에서 가장 온전하고 열정적인 삶을 살 수 있습니다. 하나님나라와 연결되어 있는 자, 하나님의 말씀을 믿고 그 말씀을 성령 안에서 꿈꾸는 자만이 이 땅에서 하나님이 기뻐하시는 삶을 살 수 있습니다.

존재의 이유에 대한 질문

당신에게 심각한 질병이 있습니까? 시한부 선고를 받고 괴로워하는 분이 있습니까? 그럴 때 자신에게 물어보십시오.

"내가 왜 이 땅에서 계속 살아야만 합니까?"

이 땅에 사는 사람들이 열거하는 대동소이한 이유 말고, 하나님께서 당신에게 어떻게 말씀하시는지 들어보십시오. 당신이 정말 천국에 대한 소망을 가지고 있고, 당신이 정말 구원을 받았고, 당신 안에 하나님의 생명이 있다면, 당신이 왜 이 땅에서 더 살아야만 하는지 하나님께 물으십시오.

혹 이 땅에서 하나님의 뜻을 온전히 이루어본 적이 없습니까?

그렇다면 그것은 당신의 생명이 연장될 충분한 이유가 됩니다. 이 땅에서의 목숨을 연명하고자 하는 것이 아니라 하나님의 아름다운 덕(德)을 알리고자 하는 열망이 있다면 끝까지 기도하십시오.

> 또 무리에게 이르시되 아무든지 나를 따라 오려거든 자기를 부인하고 날마다 제 십자가를 지고 나를 좇을 것이니라 누구든지 제 목숨을 구원코자 하면 잃을 것이요 누구든지 나를 위하여 제 목숨을 잃으면 구원하리라 _눅 9:23,24

당신이 목숨을 구하는 이유가 단지 당신의 목숨뿐이라면 잃을 것이요, 그러나 당신 안에 계신 예수 그리스도를 위한 삶을 위해서라면 그분이 당신을 살리실 것입니다.

결국, 이 땅에서의 우리의 인생은 생명의 연장 여부에 있는 것이 아니라 하나님의 뜻을 이루는 것과 관계되어 있다는 것입니다.

죽음을 두려워하지 말고 기도하라

죽음을 두려워하지 마십시오. 기도할 때 두려워하지 마십시오. 하나님은 우리에게 두려움을 주시는 분이 아닙니다. 두려움이 온다는 것은 사탄에게 묶여 있다는 것입니다.

> 자녀들은 혈육에 함께 속하였으매 그도 또한 한 모양으로 혈육에 함께 속하심은 사망으로 말미암아 사망의 세력을 잡은 자 곧 마귀를 없이 하시며 또 죽기를 무서워하므로 일생에 매여 종노릇하는 모든 자들을 놓아주려 하심이니
> _히 2:14,15

당신이 하나님나라와 교통 없이 본향의 삶에 대한 하나님의 말씀을 온전히 믿지 못하는 것은 육의 몸이 아니라 새로운 영의 몸이 있다는 것을 확신하지 못하기 때문입니다. 당신에게 어떤 질병이 있고 어떤 고난이 있든지 "사망아, 너의 이기는 것이 어디 있느냐? 너의 쏘는 것이 어디 있느냐? 내 안에 있는 예수 그리스도의 생명이 나를 살게 한다. 이 세상은 내 본향이 아니다. 나는 이 땅에 대사(大使)로서 잠깐 왔으니 이 땅에서의 삶이 두렵지 않다"라는 믿음을 가질 때, 기도에 권능이 임할 것입니다.

> 또 여러 형제가 어린양의 피와 자기의 증거하는 말을 인하여 저를 이기었으니 그들은 죽기까지 자기 생명을 아끼지 아니하였도다 _계 12:11

당신이 자신의 생명을 연장하기 위해 애쓴다면 그것이 올무

가 되어 사탄에게 붙잡히게 될 것이요, 그러나 죽기까지 자신의 생명을 아끼지 않는다면, 죽기를 무서워하지 않고 예수 그리스도의 피와 당신이 받은 이 증거의 말씀으로 사망을, 더러운 마귀를 예수의 이름으로 꾸짖을 때, 사탄은 당신을 붙들지 못합니다.

우리도 언젠가 죽음을 맞이하게 됩니다. 언제 어떤 일이 일어날지 모릅니다. 그러면 우리가 죽음 앞에서 어떤 태도로 기도해야 합니까? 우리의 삶, 우리의 믿음, 우리가 나눈 하나님과의 교제가 바로 우리가 죽음에 직면했을 때, 우리의 태도를 결정할 것입니다. 지금 당신의 몸은 당신의 몸이 아니라 그리스도의 몸이며 당신은 예수 그리스도를 대표해서 이 땅에 있습니다. 동시에 당신은 지금 하나님나라에서 하나님 우편에 앉으신 예수 그리스도와 믿음으로 연결되어 있습니다. 날마다 그분을 생각하십시오. 그분이 주신 말씀의 다스림을 받으십시오. 우리는 하나님나라의 것으로 가득 차 있어야 합니다.

무엇을 먹을까, 무엇을 마실까, 무엇을 입을까 염려하는 삶이 아니라 그의 나라와 의(義)를 구할 때, 모든 것을 더하시리라는 그 하나님나라의 생각으로 가득 차 있어야 합니다. 이 땅에 하나님의 아름다운 덕(德)을 선전하고자 하는 그 마음이 있다면 끝까지 믿음으로 기도하셔야 합니다.

하나님이 끝까지 붙드신다!

하나님나라의 삶을 가지십시오. 육신의 장막을 벗은 다음에는 신령한 몸을 입게 될 것을 믿으며 죽음을 두려워하지 말고 담대히 외치십시오.

"이 더러운 질병아, 떠나갈지어다!"

그럴 때 하나님은 우리의 인생을 붙드시고 땅 끝까지 하나님나라 복음이 전해지도록 우리를 사용하실 것입니다. 왜냐하면 그때 비로소 예수 그리스도께서 이 땅에 다시 오시기 때문입니다. 그때까지 그리스도인들은 끝까지 싸워야 합니다. 죽음을 두려워하지 말아야 합니다. 우리는 모두 승리하는 자입니다. 세상을 이긴 자입니다.

> 대저 하나님께로서 난 자마다 세상을 이기느니라 세상을 이긴 이김은 이것이니 우리의 믿음이니라 예수께서 하나님의 아들이심을 믿는 자가 아니면 세상을 이기는 자가 누구뇨 _요일 5:4,5

우리가 지금 비록 고통과 질병 중에 있을지라도 우리 안에 하나님의 생명이 있고, 그것에 대해 성령의 인(印) 치심을 받았으니 우리는 두려워할 것이 없습니다. 우리가 어디에 있든지 하나님을 영화롭게 하는 것이 우리의 임무입니다. 이 땅에 있는 단 한 사람에게라도 더, 하나님의 사랑과 주(主)의 아름다운 덕(德)을 선전하는 것이 우리에게 맡겨진 일입니다.

우리의 육신에 있는 삶뿐만 아니라 이 육신의 장막을 벗은 다음의 삶도 하나님께서 붙드십니다. 그분이 영원히 우리와 함께하시며 마침내 우리의 영혼이 하나님의 유업을 이어받게 될 것을 바라보십시오. 자신의 삶을 하나님의 관점이 아닌 세상의 관점에서 보았던 것을 철저하게 회개하시기 바랍니다.

우리가 하나님나라의 삶을 살 때, 이 땅에서 온전한 삶을 살 수 있고 하나님의 뜻을 이룰 수 있습니다.

오직 의인은 믿음으로 말미암아 살리라!
THE RIGHTEOUS WILL LIVE BY FAITH

날마다 하나님나라와 교통하며 하나님의 사랑을 흘려보내는 천국을 사십시오.
하나님나라의 대사로 사는 동안 주의 아름다운 덕을 선전하십시오.

09 | Faith with Miracle

하나님의 진리의 말씀을
믿음으로 굳게 붙들어라

예수 그리스도 안에서 "Yes"

> 하나님의 약속은 얼마든지 그리스도 안에서 예가 되니 그런즉 그로 말미암아 우리가 아멘 하여 하나님께 영광을 돌리게 되느니라 _고후 1:20

하나님이 예수 그리스도를 통해서 주신 새 언약의 모든 말씀은 예수 그리스도 안에서만 다 이루어집니다. 그 사람 안에 예수의 생명이 있으면 말씀이 적용되고 말씀이 곧 능력이 됩니다.

> 또 그리스도께서 너희 안에 계시면 몸은 죄로 인하여 죽은 것이나 영은 의를 인하여 산 것이니라 예수를 죽은 자 가운데서 살리신 이의 영이 너희 안에 거하시면 그리스도 예수를 죽은 자 가운데서 살리신 이가 너희 안에 거하시는 그의 영으로 말미암아 너희 죽을 몸도 살리시리라 _롬 8:10,11

내 안에 그리스도의 영이 있는지 없는지를 모른다면, 이 모든 하나님의 약속이 나에게 이루어질지 안 이루어질지 확신할 수 없습니다. 따라서 우리는 우리 안에 그리스도의 영이 있음을 믿음으로 취해야 합니다.

의인의 삶으로 회복시키시는 분

하나님의 생명이 다시 우리 안에 들어왔다는 것은 단지 우리가 개인적으로 죄 사함 받았다, 이제는 영생(永生)을 얻었다는 정도로만 생각할 문제가 아닙니다. 하나님의 생명이 다시 들어왔다는 것은, 더 이상 율법에 저촉되지 않고 다시금 이 땅에서 하나님의 뜻을 이루는 본래적(本來的) 존재로 회복되었음을 의미합니다.

잘 생각해보십시오. 우리가 타락한 다음 하나님의 영광이 우리를 떠났고, 우리는 우리의 육신의 노력으로 살 수밖에 없는 존재로 전락했습니다. 그런 우리를 가리켜 죄인(罪人)이라고 합니다. 하나님께서는 우리에 대한 자신의 사랑을 포기할 수 없어 모세를 통하여 율법을 주셨습니다. 하나님은 그 율법을 통해 죄가 무엇인지, 그리고 우리가 하나님의 백성으로 살기 위해서는 무엇을 하고 무엇을 하지 말아야 하는지를 알려주셨습니다. 우리가 그 율법을 전심으로 지켜야만 축복, 형통, 생명을 누릴 수 있었습니다. 따라서 이 모든 율법은 하나님의 생명이 거하지 않는 죄인에게 필요한 것입니다.

그러나 우리의 자아를 십자가에 못 박았을 때, 우리가 예수 그리스도와 연합하여 죽고, 성령님이 다시 우리 안에 들어오셨다는 것은 우리가 의인(義人)이 되었고, 우리가 율법 이전의 상태로 돌아갔다는 의미입니다. 놀랍지 않습니까? 당신의 구원이 얼마나 귀하고 놀라운 특권인지를 하루 종일 묵상해보십시오.

하나님께서 말씀으로 이 세상을 지으시고 운행하시고 승리하시는 것처럼, 예수 그리스도께서 하나님의 말씀을 선포하심으로써 이 땅에 기사와 표적을 이루는 것처럼, 하나님의 생명이 있는 하나님의 자녀도 하나님의 말씀을 선포함으로써 이 땅을 하나님 나라로 회복시킬 수 있는 존재가 되었습니다.

의인이 되어 하나님의 뜻을 이루는 존재에게는 더 이상 자신의 문제가 없습니다. 죽은 자에게 자신의 문제란 없습니다. 당신의 삶에 있는 모든 필요와 문제는 더 이상 당신의 필요와 문제가 아니라 하나님의 문제입니다. 왜냐하면 더 이상 당신의 삶이 아니며 이제 예수 그리스도의 삶이 되었기 때문입니다.

> 내가 그리스도와 함께 십자가에 못 박혔나니 그런즉 이제는 내가 산 것이 아니요 오직 내 안에 그리스도께서 사신 것이라 이제 내가 육체 가운데 사는 것은 나를 사랑하사 나를 위하여 자기 몸을 버리신 하나님의 아들을 믿는 믿음 안에서 사는 것이라 _갈 2:20

세상과 하나님나라

하나님나라는 하나님의 영광이 임한 곳입니다. 하나님의 영광은 예수 그리스도의 십자가 사건으로 말미암아 이 땅에 임하였습니다. 우리가 구원을 받고 내 안에 계신 하나님의 영에 순종하는 삶을 산다면, 우리가 비록 이 땅에 두 발을 딛고 있지만 우리는 이 세상이 아니라 이 세상에 도래한 하나님나라에서 사는 것입니다.

> 내가 세상에 속하지 아니함같이 저희도 세상에 속하지 아니하였삽나이다 저희를 진리로 거룩하게 하옵소서 아버지의 말씀은 진리니이다 아버지께서 나를 세상에 보내신 것 같이 나도 저희를 세상에 보내었고 _요 17:16-18

이 말씀에서 '세상'이라는 단어가 4번 나오는데 앞에 두 번과 뒤에 두 번이 정반대의 의미로 사용되었습니다. 예수님께서는 제자를 바라보며 하나님께 기도하실 때 "내가 세상에 속하지 아니함같이 저희도 세상에 속하지 아니하였삽나이다"라고 하셨는데, 이 말은 예수님과 제자들 모두 하나님의 통치 주권이 미치지 않고 세상 신(神)이 지배하는 이 세상에 속하지 않았다는 의미입니다.

예수님은 하늘로부터 이 땅에 내려오신 분입니다. 그분은 세상에 속한 분이 아닙니다. 예수님께서 우리의 죄를 대속(代贖)하여 십자가에서 죽으시고 부활하신 뒤 하늘에 오르시어 바로 보혜사 성령님을 우리에게 보내주셨습니다. 따라서 그 성령님이 심령 안에 있는 자는 세상에 속한 자가 아닙니다.

그러나 "아버지께서 나를 세상에 보내신 것같이 나도 저희를 세상에 보내었다"라고 하셨을 때, 하나님 아버지께서 예수 그리스도를 이 세상에 보낸 것은 예수 그리스도를 통해서 하나님의 통치 주권이 이 땅에서 다시 회복되도록 하기 위해서이며, 세상 신이 잡고 있는 이 세상을 하나님의 나라로 만들기 위해서입니다. 아버지께서 예수 그리스도를 세상에 보내신 것같이 예수님도 '저희'를 세상에 보내었는데, 그들이 바로 '우리'입니다.

우리 안에 하나님의 생명이 없을 때, 우리는 이 세상 신의 통치 아래 자신의 육체와 마음이 원하는 대로 살았던 본질상 진노의 자녀였습니다(엡 2:3). 하지만 이제 우리가 예수 그리스도를 믿고, 예수님께서 우리의 죄를 대속(代贖)하시고, 그리스도의 영으로 우리 안에 들어오심으로써, 이제 우리가 다시 세상으로 보냄을 받았습니다. 우리의 삶은 세상에 속하지 않았지만, 우리는 이 세상을 다시 하나님나라로 바꾸기 위해, 즉 하나님의 통치 주권이 회복되도록, 이 세상으로 보내졌다는 것입니다.

우리는 이 세상에 살면서 이 세상을 이 땅에 도래한 하나님의 나라로 바꿀 소명이 있습니다. 그것이 바로 하나님께서 예수 그리스도를 통하여 우리를 구원하신 이유이며, 우리의 존재 이유이기도 합니다.

죄인 아니라 의인!

구원 받은 자, 의인의 삶의 첫 발은 우리의 영과 육을 온전하게 하는 일입니다.

> 사랑하는 자여 네 영혼이 잘됨같이 네가 범사에 잘되고 강건하기를 내가 간구하노라 _요삼 2

한 사람 한 사람이 이렇게 될 때 우리 주위가 하나님의 나라로 변화될 것입니다. 우리는 하나님의 나라이며, 또한 그 나라에 속한 자입니다. 하나님나라에 속했을 뿐만 아니라 세상 신(神)이 붙잡고 있는 이 땅에 하나님의 영광을 나타냄으로써 이 세상을 하나님나라로 바꾸는 존재입니다.

우리의 영과 육이 온전케 될 때, 비로소 우리가 누구인지를 알고, 본래 주(主)의 뜻대로 살 수 있게 됩니다. 반면에 사탄은 우리를 도둑질하고 죽이고 멸망시킴으로써 이 땅에 하나님나라가 도래하지 못하게 합니다. 이 세상을 통치하기 위해서 늘 우리 마음에 침투하여 우리를 속이고 참소합니다.

> 도적이 오는 것은 도적질하고 죽이고 멸망시키려는 것뿐이요 내가 온 것은 양으로 생명을 얻게 하고 더 풍성히 얻게 하려는 것이라 _요 10:10

하지만 우리는 하나님의 의(義)입니다. 우리는 더 이상 죄인이 아니라 의인입니다. 그리스도 안에서 새로운 피조물이 되었습니다. 새로운 피조물이 되었다는 것은 당신의 영혼만 새롭게 되었다는 뜻이 아닙니다. 우리의 삶과 태도, 거주지도 바뀌었다는 뜻입니다. 과거와 단절되었다는 의미입니다.

> 그런즉 누구든지 그리스도 안에 있으면 새로운 피조물이라

> 이전 것은 지나갔으니 보라 새것이 되었도다 _고후 5:17

당신의 노력으로 '새것'이 되는 것이 아닙니다. 당신은 그리스도의 영으로 인하여 새것이 되었고, 새로운 피조물이 되었으며, 당신은 변했습니다. 당신은 하나님의 의(義)입니다.

> 하나님이 죄를 알지도 못하신 자로 우리를 대신하여 죄를 삼으신 것은 우리로 하여금 저의 안에서 하나님의 의가 되게 하려 하심이니라 _고후 5:21

우리 안에 하나님의 생명이 들어왔다는 것은 이제 더 이상 우리는 죄인이 될 수 없다는 것입니다. 하나님의 의가 된 사람, 즉 의인(義人)만이 이 세상(땅)을 하나님의 나라로 바꿀 수 있습니다.

그런데 우리의 본질은 의인으로 변했지만, 우리의 겉 사람은 육체 가운데 옛날에 그랬던 것처럼 구습(舊習)에 따라 죄를 지을 수 있습니다. 따라서 우리가 죄를 짓고 실수할 때마다 예수 그리스도의 피로 덮어야 합니다. 하나님 앞에 회개할 때, 하나님은 우리의 죄를 기억치 않으십니다. 비록 우리의 육체가 실수하더라도 우리의 본질이 다시 옛날로 돌아가는 것은 아닙니다. 우리가 잘못을 저지르더라도 우리는 의인입니다. 우리는 죄를 지을 수 있는 의인이며, 그럼에도 불구하고 우리는 하나님의 뜻을 이룰 수 있는 존재입니다.

내 마음의 묵상?

그러면 우리가 실수하고 죄를 지을 때마다 '나는 왜 이럴까? 나는 왜 죄를 지을까? 예수님이 나를 용서하시지 않겠지? 나는 왜 같은 일로 죄에 빠질까?' 라고 날마다 자신의 마음판에 죄를 묵상하기만 해야 할까요?

그렇다면 당신은 결코 하나님의 나라를 도래케 할 수 없습니다. 당신이 변화될 수 없기 때문입니다. 당신이 매일 물속으로 자맥질해 들어가는 것처럼 그 어두움 속에서 늘 자신의 잘못을 바라보고 '나는 죄인이야'라는 것만 묵상한다면 당신의 마음판은 날이 갈수록 점점 더 어두워질 것입니다.

당신이 실수할 수도 있고 죄를 지을 수 있습니다. 똑같은 죄를 반복하는 중독 증세가 있을 수도 있습니다. 관건은 당신의 마음판입니다. 당신의 마음의 생각이 변화되지 않는 한 그 문제로부터 자유로워질 수 없습니다. 왜냐하면 심은 대로 거두기 때문입니다. 하루 24시간 동안 당신이 생각하는 것은 무엇입니까? 당신은 무엇을 묵상하며 지내십니까? 당신의 마음판에 느껴지는 감정, 느낌, 기분은 어떤 것입니까?

"아, 우울하다", "아, 슬프다", "아, 되는 일이 없다", "해도 안된다"라는 우울과 슬픔과 거절과 비난과 정죄의 마음, 그 감정과 느낌을 하루 종일 묵상하면서 고작 입술로 "주여, 은혜를 베풀어 주옵소서. 예수님, 당신이 필요합니다"라고 한들 하나님의 도움을 받을 수 있을까요? 하나님은 만홀히 여김을 받지 않으십니다.

> 스스로 속이지 말라 하나님은 만홀히 여김을 받지 아니하시나니 사람이 무엇으로 심든지 그대로 거두리라 자기의 육체를 위하여 심는 자는 육체로부터 썩어진 것을 거두고 성령을 위하여 심는 자는 성령으로부터 영생을 거두리라
> _갈 6:7,8

당신의 마음판에 심은 것이 무엇이든지 그대로 거두게 된다는 것을 명심하십시오. 당신이 정말 구원을 받았다면, 당신의 본질은 하나님의 의(義)이며 당신은 의인(義人)입니다. 왜냐하면 당신 안에 하나님의 생명이 있기 때문입니다. 설령 당신이 죄를 짓고 실수하더라도 당신은 그것을 묵상하는 것이 아니라 하나님의 의를 묵상해야 합니다. 하나님의 뜻을 묵상해야 합니다.

당신의 마음판에 빛이 빛날수록 어둠은 사라지게 되어 있습니다. 어두움 가운데 들어가면 들어갈수록 더 어두워진다는 것을

기억하십시오. 당신은 의인이므로 그 하나님의 생명에 힘입어 날마다 주(主)의 말씀을 읽고, 당신이 하나님의 빛 가운데로 들어가면 들어갈수록, 당신 안에 있는 어두움이 사라질 것입니다.

내 마음은 믿음 공작소다

만일 우리가 우리 죄를 자백하면 저는 미쁘시고 의로우사 우리 죄를 사하시며 모든 불의에서 우리를 깨끗케 하실 것이요 _요일 1:9

당신은 이 말씀을 자신에게 어떻게 적용시켜 나갑니까? 당신이 하나님의 말씀을 듣고 그 말씀에 따라 회개할 때, 당신은 죄 사함을 받습니다. 당신이 하나님의 말씀을 듣고 그 말씀을 적용할 때, 더러운 묶임이 풀어질 것입니다. 왜냐하면 하나님의 영광이 함께하시기 때문입니다.

먼저 창세기를 다시 한번 생각해봅시다. 하나님께서는 자신의 마음에 이 땅에 이루실 뜻을 품고 말씀으로 선포하셨습니다. 태초에 빛이 있으라고 말씀하시니 빛이 있었고, 하늘과 땅과 바다가 생기고, 바다와 육지의 모든 생물들이 생겨났습니다. 하나님은 그중 피조물인 인간을 자신의 형상, 곧 하나님의 형상대로 지으셨습니다. 놀랍게도 하나님께서 친히 우리 안에 들어오셨고 당신을 대신해서(대표해서) 우리에게 이 땅을 다스리라고 말씀하셨습니다. 그리고 하나님의 뜻과 성품을 나타내라고 말씀하셨습니다.

정말 놀랍고 있을 수 없는 일이 벌어졌습니다. 하나님께서 우리에게 자신의 뜻을 대신하라고 하셨습니다. 이 땅에서 번성하라, 이 땅을 정복하라, 다스리라고 하셨습니다. 그러면 우리는 어떻게 그렇게 합니까? 바로 그 하나님께서 친히 우리 안에 계시고, 우리의 마음판에 그의 뜻(말씀)을 부어주시고, 우리에게 자유 의지를 주신 다음, 우리가 그 하나님의 말씀을 입술로 선포함으로써 하나님을 대신해서 이 땅을 다스리라고 말씀하셨다는 것입니다.

이제 구원 받은 우리 안에 하나님의 생명이 들어왔고, 그분이 우리에게 예수 그리스도를 통해서 새 언약의 말씀을 주셨습니다. 죄인은 할 수 없고 하나님의 의인만이 할 수 있는 일, 새로운 피조물만이 할 수 있는 일입니다. 하나님이 말씀으로 실체를 만드신 것처럼, 우리도 우리가 아닌 하나님의 생명으로 인하여 우리 마음에 가득한 주(主)의 말씀을 선포할 때, 주께서 이 땅에 주의 뜻을 나타내신다는 것입니다.

그렇지만 우리가 타락해서 죄악 가운데 있는 동안, 우리의 마음은 깨어졌고 죄로 물들었습니다. 이 세상의 신(神)에 묶임을 받게 되었고, 우리의 마음은 오감(五感)에 의지해서 살게 되었습니다. 즉, 보이는 대로 들리는 대로 느끼는 대로 경험한 대로 산다는 것입니다. 이 세상에 묶인 그 마음을 하나님의 말씀으로 다시 돌릴 때, 비로소 우리가 하나님의 뜻을 행할 수 있습니다. 세상(현실)에 기초한 마음을 진리의 말씀에 기초한 마음으로 변화시키는 것이 바로 믿음입니다. "의인은 오직 믿음으로 말미암아 살리라"라는 뜻을 이제 이해하실 수 있겠습니까?

> 복음에는 하나님의 의가 나타나서 믿음으로 믿음에 이르게 하나니 기록된 바 오직 의인은 믿음으로 말미암아 살리라 함과 같으니라 _롬 1:17

이 땅에 하나님의 뜻을 이루는 자궁, 하나님의 말씀을 이 땅에 실체로 바꾸는 공장이 바로 우리의 마음입니다. 하나님의 자녀인 우리가 이 땅에 주(主)의 말씀을 실체화시킬 수 있는 유일한 길은 오직 말씀에 대한 믿음뿐입니다.

무릇 네 마음을 지키라

> 무릇 지킬 만한 것보다 더욱 네 마음을 지키라 생명의 근원이 이에서 남이니라 _잠 4:23

당신이 악을 쓰고 힘을 준다고 해서 무슨 일이 일어나지는 않습니다. 당신 안에 계신 하나님의 생명이 하나님의 말씀을 말씀대로 이루신다는 것을 믿으십시오. 우리의 마음이 곧 하나님의 말씀이 이 땅에 선포되는 통로입니다. 그런데 우리가 그 통로를 닫고 있는 것입니다. 왜냐하면 그동안 우리가 타락된 존재로서 하나님의 말씀이 아니라 이 땅에 묶여 있었기 때문입니다. 결과적으로 우리가 하나님의 영광의 통로를 막아놓았던 것입니다.

"오직 의인은 믿음으로 말미암아 살리라"(롬 1:17)라고 할 때, 그 믿음은 어디에서 나옵니까? 마음에서 나옵니다. 우리가 하나님의 뜻이 이 땅에 이루어지도록 우리의 마음을 하나님의 뜻대로 변화시킬 때, 하나님의 말씀이 이 땅에 이루어집니다. 그러기 위해서 우리는 우리의 마음을 하나님의 말씀에 맞추고 우리의 마음을 지켜야 합니다. 우리의 마음에 어둡고 더럽고 슬프고 세상적인 것을 넣어서는 안 됩니다. 우리의 마음에 하나님의 말씀과 기쁨과 영광과 감사를 넣어야 합니다.

> 항상 기뻐하라 쉬지 말고 기도하라 범사에 감사하라 이는 그리스도 예수 안에서 너희를 향하신 하나님의 뜻이니라
>
> _살전 5:16-18

당신이 처한 현실이 무엇이든지 어떻든지 간에, 당신이 어떤 질병으로 어떤 고통 중에 있든지 간에, 현재 어떤 기분과 어떤 감정이든지 간에, 당신의 마음을 바꾸십시오. 하나님의 말씀에 기초해서 바꾸어야 합니다. 의(義)와 평강과 희락으로 바꾸십시오(롬 14:17).

세상에 누가 어떤 부정적인 이야기를 하더라도 당신은 하나님의 자녀입니다. 당신 안에 영생이 있습니다. 당신은 이미 치유되었고 당신은 승리하였습니다. 당신의 문제는 해결되었습니다. 왜냐하면 당신은 하나님나라의 백성이기 때문입니다. 당신이 해야 할 일은 뜻이 하늘에서 이루어진 것(말씀)을 이 땅에 (실체로) 나타내는 것뿐입니다.

> 나라이 임하옵시며 뜻이 하늘에서 이룬 것같이 땅에서도 이루어지이다 _마 6:10

당신은 당신에게 필요한 것, 아직 이루어지지 못한 일들, 바라는 소망을 하나님께 구걸하기 위해 하나님 앞에 나온 존재가 아닙니다. 그것은 죄인들이 하는 기도일 뿐입니다. 당신은 죄인이 아니라 의인이며 하나님의 동역자입니다. 따라서 당신의 필요와 문제를 위해서 기도하는 것이 아니라 하나님의 뜻을 이루는 존재로 살아야 합니다.

하나님은 저 높은 하늘에만 계시는 분이 아니라 지금 당신 안에도 계십니다. 그리고 당신 마음판에 하나님의 말씀을 부어주셨습니다. 하나님이 하셨던 것처럼, 예수님이 하셨던 것처럼, 우리도 이제 믿음으로 그 말씀(당신의 생각이나 경험이나 느낌이 아니라)을 선포해야 합니다. 그러기 위해서는 우리의 마음을 바꾸어야 합니다.

의인의 삶과 기도

우리가 구원을 받았다면 우리는 오직 믿음으로 사는 의인(義人)이 된 것입니다. 그렇다면, 우리의 기도도 변해야 마땅합니다.

이제 우리는 더 이상 자기 목숨, 자기 형통, 자기 만족을 위해, "제발 어떻게 좀 해주십시오. 할 수만 있거든 뭐라도 해주세요"라고 자기 욕심만 채우려고 드는 시시한 존재가 아닙니다. 이 땅에서 하나님과 동역하는 자, 이 땅을 하나님나라로 바꾸는 자, 이 땅에서 마귀를 멸하는 자입니다.

당신에게 질병이 있습니까? 문제가 있습니까? 그 문제는 이제 당신의 문제가 아니라 하나님의 뜻을 이루는 일이 되었습니다. 당신이 온전해야만 하나님의 나라를 이룰 수 있기 때문입니다. 당신이 온전한 것도 하나님의 뜻 중에 하나입니다.

"주님, 저 이 문제 좀 어떻게 해주세요, 네?"

더 이상 이런 생각과 기도를 버리십시오. 당신 안에 있는 하나님의 생명, 당신 안에 새겨진 하나님의 말씀을 예수의 이름으로 선포할 때, 당신의 문제가 해결되는 것이 아니라 주(主)의 뜻이 이루어진다는 믿음을 가지십시오. 당신의 삶은 세상적인 것을 생각하는 삶이 아니라 하늘의 것을 생각하는 삶, 즉 이 땅에 도래한 하나님나라의 일을 생각하는 삶으로 변화되었습니다. 바로 하나님의 생명, 하나님의 영광이 지금 당신 안에 들어와 계시기 때문입니다. 그것이 바로 하나님나라 백성의 사고방식(kingdom mentality)입니다.

> 그러므로 너희가 그리스도와 함께 다시 살리심을 받았으면 위엣 것을 찾으라 거기는 그리스도께서 하나님 우편에 앉아 계시느니라 위엣 것을 생각하고 땅엣 것을 생각지 말라 이는 너희가 죽었고 너희 생명이 그리스도와 함께 하나님 안에 감취었음이니라 _골 3:1-3

'나는 죽었지만 이제는 나의 삶이 아니라 하나님의 뜻을 이루는 자가 바로 나구나! 이제는 내 문제가 아니구나! 내 안에 예수의 생명이 계시므로 나의 모든 문제가 하나님의 뜻 안에 들어 있구나!'

이렇게 당신의 마음을 새롭게 할 때, 하나님이 당신에게 무엇

하기를 원하시는지 알 수 있고, 하나님의 뜻이 얼마나 온전한지 알게 될 것입니다.

> 너희는 이 세대를 본받지 말고 오직 마음을 새롭게 함으로 변화를 받아 하나님의 선하시고 기뻐하시고 온전하신 뜻이 무엇인지 분별하도록 하라 _롬 12:2

> Don't copy the behavior and customs of this world, but let God transform you into a new person by changing the way you think. Then you will know what God wants you to do, and you will know how good and pleasing and perfect his will really is. _NLT

죄인의 기도에서 탈피하라

지금까지 우리는 이루어지지 않는 현실, 문제가 있고 고통이 있고 질병이 있고 아픔이 있는 현실에서 주(主)의 말씀을 붙들고 앞으로 이루어질 결과를 바라보며 소망하는 믿음을 가져왔습니다. 그러나 단지 소망만 한다면 그것은 죄인의 기도입니다. 이루어지지 않은 현실과 상황 속에서 하나님의 말씀이 있기에 미래에 이루어질 결과를 바라보면서 "주님, 도와주옵소서. 주여, 이렇게 해주시면 좋겠습니다. 내가 더 기도할게요, 내가 더 금식할게요, 안 되면 기도원에 갈게요. 도와주세요!"라고 하는 것은 단지 죄인의 기도입니다.

우리가 하나님의 자녀로서 하나님의 말씀을 이 땅에 이루는 존재이자 새로운 피조물이라면 그렇게 기도해서는 안 됩니다. 왜냐하면 2천 년 전 예수 그리스도께서 십자가에 못 박히시므로 그분이 우리에게 쏟아진 심판과 저주를 친히 담당하셨기 때문입니다. 그분이 "다 이루었다"라고 말씀하셨습니다. 우리에게는 바로 그 말씀이 있습니다.

> 그 아들 안에서 우리가 구속 곧 죄 사함을 얻었도다 _골 1:14

> 그리스도께서 우리를 위하여 저주를 받은 바 되사 율법의 저주에서 우리를 속량하셨으니 기록된 바 나무에 달린 자마다 저주 아래 있는 자라 하였음이라 _갈 3:13

하나님께서 이 땅을 지으시고 이 땅을 운행하실 때, 또 예수님께서 이 땅에서 병자를 고치고 귀신을 내쫓고 죽은 자를 살리고 오병이어의 기적을 일으키실 때, 그분이 무슨 마음으로 기도하셨을까요? 지금 이루어지지 않은 현실을 바탕으로 '이렇게 되었으면 좋겠다!'라는 마음을 품고 기도하셨을까요? 전혀 그렇지 않으셨습니다. 그분은 창조주이십니다. 그분은 마음에 품은 대로 이루시는 분입니다.

그렇다면 하나님으로부터 난 자인 우리를 생각해보십시오. 우리는 의인이며 우리 안에 하나님의 생명이 있습니다. 하나님은 본래 우리를 이 땅에서 하나님처럼 살게 하려 하셨습니다. 이 땅을 다스리라고 말씀하셨습니다. 이 세상을 하나님의 뜻으로 새롭게 하도록 하기 위해 우리를 구원하셨습니다.

그런데도 우리는 이루어지지 않은 현실에서 여전히 죄인의 기도를 드리고 있습니다. 우리가 하나님의 뜻을 이루는 존재이며, 하나님이 말씀하신 것처럼, 예수님이 기도하신 것처럼 그렇게 기도하는 존재인데도 말입니다.

마음의 믿음과 하나님의 말씀

하나님의 뜻은 하나님의 말씀 안에 들어 있습니다.

저가 채찍에 맞음으로 너희는 나음을 얻었나니 _벧전 2:24

우리 연약한 것을 친히 담당하시고 병을 짊어지셨도다
_마 8:17

질병에 대해서도 마찬가지입니다. 그분은 우리 육신의 질병을 치유하시고, 우리의 모든 결핍을 이미 다 채우고 새롭게 하셨습니다. 말씀으로 그렇게 하셨습니다. 그렇다면 우리의 마음판에 무엇을 집어넣어야 할까요? 하나님의 말씀입니까? 이루어지지 않은 현실입니까? 우리가 죄인으로 있을 때, 우리는 너무나 오랫동안 우리 마음판을 세상에 두고 우리 마음에 이 세상의 것을 집어넣었습니다.

이제 우리의 기도가 바뀌어야 합니다. 이루어지지 않은 결과를 바라보면서 기도하는 것이 아니라 이미 말씀 안에서 이루어진 결과를 이 땅에 선포해야 합니다. 기억하십시오. 믿음이란 이 세상 현실에 기초한 마음을 하나님의 말씀에 기초한 마음으로 바꾸는 것입니다. 그러나 그 믿음을 갖는 것은 우리의 노력으로 되지 않습니다. 우리 안에 있는 하나님의 영광이 우리의 마음을 사로잡을 때 바꿀 수 있습니다. 바로 성령님에게 감동 받을 때입니다. 왜 우리가 성령 충만한 삶을 살아야 하는지를 이해하시겠습니까?

무엇이든지 기도하고 구하는 것은 받은 줄로 믿으라 그리하면 너희에게 그대로 되리라 _막 11:24

이 세상에 기초한 우리의 마음, 다른 말로 이 세상에 기초한 당신의 생각, 감정, 느낌, 기분, 의지, 행동을 하나님의 말씀에 기초한 마음으로 바꾸십시오. 하나님의 말씀에 당신의 감정을, 하나님의 말씀에 당신의 느낌을, 하나님의 말씀에 당신의 기분을, 하나님의 말씀에 당신의 의지를, 하나님의 말씀에 기초해서 당신의 행동을 바꾸는 것이 믿음입니다.

하나님처럼 예수님처럼 기도한다는 것은 당신 안에 하나님의 생명이 있고 당신의 마음판에 하나님의 뜻하신 말씀이 있음을 믿고 선포하는 것입니다.

> 사람이 마음으로 믿어 의에 이르고 입으로 시인하여 구원에 이르느니라 _롬 10:10

> 누구든지 이 산더러 들리어 바다에 던지우라 하며 그 말하는 것이 이룰 줄 믿고 마음에 의심치 아니하면 그대로 되리라 _막 11:23

당신이 믿음으로 지금까지 세상에 기초했던 마음판을 하나님의 말씀에 기초한 마음판으로 바꿀 때, 당신이 뭔가를 이루는 것이 아니라 당신 안에 있는 하나님의 생명이 그 말씀대로 이루신다는 것을 믿는 것이 바로 '하나님의 믿음'(faith in God, faith of God)

입니다.

　이 세상을 바꾸는 것은 하나님의 말씀이시지 우리가 아닙니다. 우리에게 필요한 것은 오직 믿음입니다. 믿음이 없이는 하나님을 기쁘시게 하지 못합니다.

　믿음이 없이는 (하나님을) 기쁘시게 못하나니 _히 11:6

말씀을 심는 의인의 믿음

　우리는 은혜를 누리는 자입니다. 이미 2천 년 전에 예수님이 십자가에 못 박히심으로 모든 은혜가 우리에게 주어졌습니다. 우리는 더 이상 은혜를 구하는 자가 아닙니다. 당신의 노력으로 당신의 행위로 당신의 기도로 구하는 것이 아니라 '오직 믿음으로' 누리는 것입니다.

　당신의 마음판에 오랫동안 심어놓았던 생각, 감정, 느낌이 무엇입니까? 그것을 버리십시오. 십자가에 못 박으십시오. 하나님 나라에서 이미 이루어진 결과, 이미 당신 안에 하나님의 말씀을 통해서 이루어놓으신 결과가 무엇인지 그려보십시오. 그리고 그것을 당신의 마음판에 집어넣으십시오. 그것을 생각하고 그것을 느끼고 그것을 다 이루었다고 믿으십시오. 그것이 바로 의인의 삶이며 의인의 믿음입니다.

심은 것마다 내 천부께서 심으시지 않은 것은 뽑힐 것이니
_마 15:13

지금까지 당신의 마음판에 심어놓았던 이 세상적인 것, 고통, 두려움, 근심, 걱정, 우울, 슬픔, 더러운 질병, 다른 사람의 부정적인 말들, 스스로 한 거짓 맹세들, 그 모든 것들을 하나님의 말씀에 기초해서 바꾸십시오. 하나님의 말씀에 따라 치유된 것, 고쳐진 것, 되돌려진 것을 느껴보십시오. 주께서 말씀대로 이루십니다. 당신이 믿고 느끼는 대로 이루어주십니다. 당신이 믿고 행동하는 대로 이루십니다. 그것이 바로 의인의 삶입니다.

그럴 때 사탄은 우리에게 이렇게 속살거립니다.

"봐라, 네가 하는 게 뭐냐? 네가 그런다고 뭐가 되냐?"

하지만 속지 마십시오. 당신의 마음에 이런 소리가 들려오고 당신에게 다시 고통이 밀려오는 것처럼 느껴져도 당신은 담대하게 이렇게 이야기해야 합니다.

"이 거짓말쟁이야, 미안하지만 나는 이미 내 마음판에 주님의 말씀을 심었다!"

그들이 뭐라고 속살거리든지, 일단 당신의 마음판에 하나님의 말씀이 심겼다면 그 일은 반드시 일어납니다. 하나님의 말씀은 우주가 두 조각 나도 말씀대로 이루어집니다. 하나님의 말씀은 결코 불변합니다. 사탄이 우리 마음을 도둑질해서 그동안 다른 것을 심어놓았더라도, 하나님의 영광이 임재하는 가운데 마음에 심은 말씀을 믿으면 그것으로 끝입니다. 이제는 더 이상 사탄이 당신의 마음을 도둑질하지 못하도록 하십시오.

> 또 가라사대 하나님의 나라는 사람이 씨를 땅에 뿌림과 같으니 저가 밤낮 자고 깨고 하는 중에 씨가 나서 자라되 그 어떻게 된 것을 알지 못하느니라 땅이 스스로 열매를 맺되 처음에는 싹이요 다음에는 이삭이요 그 다음에는 이삭에 충실한 곡식이라 _막 4:26-28

어떻게 해서 그렇게 되는지 모르는 것이 당연합니다. 왜냐하면 어떻게 되는 것은 하나님이 하실 일이지 우리가 할 일이 아니기 때문입니다. 우리는 우리의 마음판에 하나님의 말씀을 심었습니다. 그것을 키우시는 하나님의 생명이 바로 우리 안에 계십니다.

당신에게 믿음이 있는가?

이제 우리는 믿음의 눈을 떠서 마음에 심은 것을 선포하고 그 일이 일어나도록 예수 그리스도의 이름을 사용하면 됩니다. 말씀을 이루시는 분은 예수님이십니다. 당신 안에 그분이 계시니 예수님께서 그 일을 행하실 것을 믿고 담대히 선포하십시오.

> 내 이름으로 무엇이든지 내게 구하면 내가 시행하리라
> _요 14:14

> 지금까지는 너희가 내 이름으로 아무것도 구하지 아니하였
> 으나 구하라 그리하면 받으리니 _요 16:24

아직 이루어지지 않은 현실에서 미래에 이루어질 결과를 바라보며 사는 것이 죄인의 삶이라면, 하나님나라에 이미 이루어진 결과를 믿음으로 이 땅에 실체로 변화시키는 것이 의인의 삶입니다. 예수의 이름으로 하나님을 마음껏 송축하십시오. 할렐루야!

오직 의인은 믿음으로 말미암아 살리라!
THE RIGHTEOUS WILL LIVE BY FAITH
세상 현실에 기초한 믿음을 하나님의 말씀에 기초한 믿음으로 바꾸십시오.
당신의 마음판에 하나님의 뜻하신 말씀을 심고 믿고 선포하십시오.

• 에필로그 •

하나님나라의 꿈을 믿음으로 취하라!

이 책을 집필하면서 내 과거의 신앙과 그간의 사역 동안에 경험한 수많은 성도들의 신앙을 되돌아보게 되었습니다. 진리는 영구불변해야 하는데도, 우리에게 진리를 가르쳐야 할 신앙이 어떻게 자기중심적인 사고방식과 과학주의와 인간의 경험과 계속 타협해왔는지, 한없는 자괴감을 느꼈습니다.

오, 우리 속에서 말씀해주시는 성령님!
과거, 천동설과 지동설을 생각해보십시오. 그 당시 기독교계도 그 시대의 과학 진보에 따른 패러다임이 있었고, 그것에 기초해서 세상을 바라보았습니다. 그러나 피조세계의 나타난 현상을 말해주는 과학이나 인간의 모든 생각이 진리의 말씀을 지배할 때에도, 진리의 영이신 성령님께서는 항존하는 진리의 말씀을 재조명하심으로써 새로운 패러다임을 나타내 보여주시고, 점점 더 하나님나라를 분명하게 보여주셨습니다.

신학을 가르치는 교실이나 예배를 드리는 교회가 잃어버린 영혼과 질병으로 죽어가는 사람을 살려내고, 악한 영을 예수의 이름으로 쫓아내는 처절한 전장(戰場) 한복판에 섰을 때, 하나님의 말씀을 인간의 경험에서 이해되는 수준으로 내려놓거나, 진리의 말씀을 윤리화시키고 종교화시킨 것으로 인한 우리의 참담한 패배는 견딜 수 없는 부끄러움이며, 진정한 믿음이 없이는 아무것도 할 수 없음을 뼈저리게 느끼게 됩니다.

우리가 지금 경험할 수 없고, 이룰 수 없다 할지라도 주(主)의 말씀은 진리입니다. 우리는 인본주의적이고 합리적인 생각으로 주의 말씀을 이해하려고 노력하는 대신에, '오직 믿음으로' 하나님께 나아가야 합니다. 진리의 말씀은 성령으로 계시해주실 때만이 인간의 이성 내에서 제한적으로 이해되기 때문입니다.

하나님나라의 꿈을 이루어주소서

　이 책을 한 장 한 장씩 완성해갈 때마다, 말씀이 선포되는 사역과 집회 현장에서 믿음으로 치유되고, 묶임에서 자유케 되고, 새로운 피조물이 된 수많은 형제자매들의 평강과 환희의 얼굴이 떠올랐습니다. 내 기억 속에 고스란히 남은 그들의 천국 미소와 기쁨 그리고 자유함이 이 책의 실증입니다. 그들의 중보기도가 이 책을 쓸 수 있는 지혜와 능력의 근원이 되었기에 다시 한번 감사드립니다. 하나님 아버지, 진심으로 감사드립니다.

　하나님의 인도하심으로 씌어진 책임에도 불구하고, 어떻게 하면 좀 더 많은 사람들에게 이 놀라운 믿음의 기적을 발견하고 체험하게 할 수 있을까 하는 급한 마음을 가눌 수 없었습니다. 특별히 마지막 9장 '하나님의 진리의 말씀을 믿음으로 굳게 붙들어라'를 쓰면서, 성령님이 부어주시는 벅찬 감동을 주체할 수 없었고, 지금까지 내 마음에 부어주신 새로운 믿음을 총 정리하는 기쁨을 맛보았습니다.

　HTM을 통해 날마다 하나님나라를 확장시키는 나에게도 엘리야에게 보여주신 손바닥만 한 작은 구름만 보고, 앞으로 믿음의 발걸음을 옮겨야만 하는 많은 일들이 기다리고 있습니다. 그중에 하나가 HTM 센터(Heavenly Touch Ministry Center)의 건립입니다.

이 센터를 중심으로 하나님나라 복음을 선포하고 가르치며, 하나님나라의 삶을 맛보며, 목회자와 평신도 사역자들을 훈련하여 하나님나라를 전략적으로 확장시키며, 치유사역을 통해서 하나님의 은혜를 선포하여 한국 교회와 성도들을 섬기는 것입니다. 이를 위해 재정을 부어주시기를, 하나님나라를 침노하며 하나님나라를 함께 세워나갈 킹덤빌더(kingdom builder)들을 더 많이 붙여주시기를 기도합니다.

이 책을 읽는 모든 독자들이 바로 하나님나라를 사모하는 귀한 동역자들입니다. 여러분이 하나님나라를 먼저 침노하여 체험하고 모든 사람들에게 알리는 사역자가 되어주십시오. 이 땅에서 하나님나라의 뜻을 함께 이루는 꿈을 꿉시다.

주님, 홀로 영광 받으시옵소서!

말씀과 성령님의 만지심

헤븐리터치

www.heavenlytouch.kr

HTM은 'Heavenly Touch Ministry'의 약어로 '하나님나라의 도래'와 '천국으로의 침노'를 지칭합니다. 우리는 회개함으로 구원을 받고, 우리 안에 계신 그리스도의 영으로 말미암아 하나님의 나라와 그 백성의 삶, 즉 하나님의 아름다운 덕을 나타내는 삶을 살아야 합니다. HTM은 말씀과 치유로 그 하나님나라를 경험할 수 있는 집회와 하나님나라를 세워갈 킹덤빌더들을 세우는 각종 훈련프로그램으로 교회와 성도들을 섬기는 사역단체입니다.

● HTM은 사단법인 한국독립교회 및 선교단체연합회(KAICAM 총회장 김상복 목사)에 소속된 선교단체입니다.

손기철 장로가 매주 인도하는
월요말씀치유집회

장소 : 선한목자교회 본당 (지하철 8호선 복정역 2번 출구)
일시 : 매주 월요일 저녁 7시

* HTM센터가 마련되어도 월요말씀치유집회는 선한목자교회에서 계속됩니다. 단, 천재지변이나 특별한 이유로 장소와 시간이 변경될 수도 있으니 꼭 홈페이지에서 확인하세요. 1년 중 1월과 8월은 해외 집회 관계로 집회가 없습니다.

HTM 홈페이지 안내
www.heavenlytouch.kr

HTM 홈페이지에서는 HTM의 모든 집회, 교육, 사역 안내와 손기철 장로의 말씀 영상을 볼 수 있으며, HTM 집회와 도서 및 동영상 등을 통해 치유를 경험한 성도님들의 치유간증을 실시간으로 볼 수 있습니다.

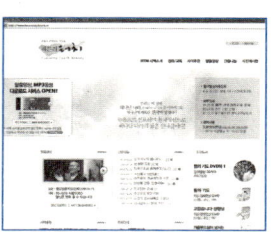

갓피플 닷컴 집회 영상,
MP3 다운로드 서비스 (유료)
htm.Godpeople.com

HTM 집회 동영상과 손기철 장로의 말씀을 언제 어디서나 듣기 원하는 분들을 위해 집회 영상, MP3 유료 다운로드 서비스를 제공합니다. PC, 개인용 동영상 플레이어(PMP), MP3 플레이어로 보고 들을 수 있습니다.

HTM센터의 모습

마침내 'HTM센터'가 마련되었습니다!

● 헤븐리터치미니스트리센터(HTM센터) 위치 서울시 강남구 청담동 5-25번지 휴먼스타빌 2F, 3F

HTM센터는 삶의 현장에서 모든 사람들이 하나님나라를 목도하고 침노할 수 있도록 먼저 하나님을 경배하고 각종 스쿨을 개최하며 하나님나라를 확장해나갈 터전이 될 것입니다. 이제 이 센터의 효율적인 운영과 영적 전쟁을 위한 동반자가 필요합니다.

HTM 동역을 위한 HTM 파트너를 모십니다!

하나님나라의 복음을 전하는 HTM의 비전과 사역을 위해 기도해주시고, 성령님께서 허락하신 이 공간이 잘 운영되고 활용될 수 있도록 HTM파트너가 되어주십시오!

● **HTM파트너가 되는 길은 매우 간단합니다!**
이 책의 뒷표지 사이에 첨부한 봉함엽서를 읽어보시고 'HTM파트너 작정서'(CMS신청서)를 작성하셔서 우편으로 보내주시면 됩니다.(수신자 요금 부담). 전화나 팩스로 직접 신청하셔도 됩니다.

전화 02-576-0153　팩스 02-447-2039
핸드폰(사무국장) 010-2450-8681　이메일 htm0691@naver.com

● **HTM파트너가 아니더라도 일회적으로 후원하실 경우 아래의 후원계좌를 이용해주십시오.**
후원계좌 787201-04-069305 | 국민은행 | 헤븐리터치(후원)
HTM센터를 위해 헌금하신 분께는 연말정산(환급)용 기부금영수증을 발급해드립니다.

"월요말씀치유집회는 계속 선한목자교회에서!!"

HTM센터에서는 주중의 HTM 스쿨과 기도회 등의 중소 규모 집회나 기타 센터 운영 목적에 맞는 행사들이 개최될 예정입니다. 월요말씀치유집회는 HTM센터가 마련되어도 현재와 같이 선한목자교회에서 계속 열릴 것이니 착오 없으시기 바랍니다.

헤븐리터치
www.heavenlytouch.kr　GODpeople.com 검색창에 | 헤븐리터치 | 검색

기적을 일으키는 믿음

초판 1쇄 발행	2009년 7월 20일
초판 22쇄 발행	2016년 4월 15일
지은이	손기철
펴낸이	여진구
책임편집	3팀	안수경, 유혜림
편집	1팀	이영주, 김수미 2팀	최지설, 김나연 4팀	김아진, 박혜란
책임디자인	이혜영, 전보영	마영애, 박소민
기획·홍보	김영하
해외저작권	김나은
마케팅	김상순, 강성민, 허병용, 이기쁨
마케팅지원	최영배, 이병희
제작	조영석, 정도봉
경영지원	김혜경, 김경희
이슬비전도학교	최경식, 전우순
303비전성경암송학교	박정숙, 정나영, 정은혜
303비전장학회 & 303비전꿈나무장학회	여운학
펴낸곳	규장

주소 06770 서울시 서초구 매헌로 16길 20(양재2동) 규장선교센터
전화 02)578-0003   팩스 02)578-7332
이메일 kyujang0691@gmail.com   홈페이지 www.kyujang.com
트위터 twitter.com/_kyujang   페이스북 facebook.com/kyujangbook
등록일 1978.8.14. 제1-22

ⓒ 저자와의 협약 아래 인지는 생략되었습니다.
이 출판물은 저작권법에 의해 보호를 받는 저작물이므로 무단 전재와 무단 복제를 할 수 없습니다.

책값 뒤표지에 있습니다.
ISBN 978-89-6097-125-7 03230

규 | 장 | 수 | 칙

1. 기도로 기획하고 기도로 제작한다.
2. 오직 그리스도의 성품을 사모하는 독자가 원하고 필요로 하는 책만을 출판한다.
3. 한 활자 한 문장에 온 정성을 쏟는다.
4. 성실과 정확을 생명으로 삼고 일한다.
5. 긍정적이며 적극적인 신앙과 신행일치에의 안내자의 사명을 다한다.
6. 충고와 조언을 항상 감사로 경청한다.
7. 지상목표는 문서선교에 있다.

하나님을 사랑하는 자 곧 그 뜻대로 부르심을 입은 자들에게는 모든 것이 合力하여 善을 이루느니라(롬 8:28)

규장은 문서를 통해 복음전파와 신앙교육에 주력하는 국제적 출판사들의 협의체인 복음주의출판협회(E.C.P.A:Evangelical Christian Publishers Association)의 출판정신에 동참하는 회원(Associate Member)입니다.